Vivendo de bem com a vida

SONIA HERNANDES

Vivendo de bem com a vida

Conselhos e histórias de uma mulher que escolheu ser feliz

THOMAS NELSON
BRASIL

Rio de Janeiro, 2011

Publisher
Omar de Souza

Editor responsável
Renata Sturm

Produção editorial
Thalita Aragão Ramalho
Mariana Moura

Capa
Maquinaria Studio

Foto da capa
Décio Figueiredo Junior

Copidesque
Manuel Buenayre

Revisão
Margarida Seltmann
Fernanda Silveira

Diagramação
Miriam Lerner

Todas as citações bíblicas foram extraídas da Almeida Revista e Atualizada.

CIP-BRASIL. CATALOGAÇÃO-NA-FONTE
SINDICATO NACIONAL DOS EDITORES DE LIVROS, RJ

H478v

Hernandes, Sonia
Vivendo de bem com a vida/Sonia Hernandes. – Rio de Janeiro: Thomas Nelson Brasil, 2011.

ISBN 978-85-7860-221-5

1. Cristianismo. I. Título.

11-5210.

CDD: 869.93
CDU: 821.134.3(81)-3

Thomas Nelson Brasil é uma marca licenciada à Vida Melhor Editora S.A.

Rua Nova Jerusalém, 345 – Bonsucesso
Rio de Janeiro – RJ – CEP 21402-325
Tel.: (21) 3882-8200 – Fax: (21) 3882-8212 / 3882-8313
www.thomasnelson.com.br

Sumário

Prefácio

Ser convidado para prefaciar o livro de minha querida esposa é, sem dúvida, uma grande honra, pois me enche de alegria e orgulho andar com ela, conhecê-la e viver ao seu lado por toda uma vida — mais de quarenta anos, entre namoro e casamento. Literalmente, a mulher de minha vida. Esposa, mãe, bispa, a mulher cheia de virtudes com quem tenho o privilégio de ser escolhido por Deus para viver bênçãos. Vou começar com a letra de um poema que virou música e que escrevi a seu respeito:

> Amiga, guerreira
> Dádiva de Deus
> A que responde a dúvida de Salomão
> A virtuosa existe, eu encontrei
> Ela é, para mim, uma sinfonia de amor.

Neste trabalho, que revela os segredos daquela que optou por viver de bem com a vida a despeito de lutas, guerras e dificuldades, tudo está exposto de forma carinhosa, como tantas vezes a vi falar em aconselhamentos, pregações, ou com nossos filhos, sempre com resultados surpreendentes, dada sua entrega, sua dedicação e seu preparo em oração e comunhão com Deus.

Vamos conhecer o coração de uma serva de Deus, da mãe, da amiga, da filha, enfim; a verdade que desmistifica a mulher da televisão ou algum estereótipo religioso, mostrando a realidade do cotidiano, das inseguranças, dos medos, das superações de uma pessoa muito especial, dona de um bom humor e de uma alegria que sempre iluminaram nossa relação, a casa, a família. Por onde vamos, ela consegue ser doce e, ao mesmo tempo, forte, determinada e fiel.

Estar com ela é motivador. Sonia faz com que os piores dias fiquem leves, e você com certeza vai descobrir isso pela prática de seus segredos. Em cada situação, um grande ensinamento, uma experiência que durante anos eu tenho sido privilegiado de viver em nossa privacidade e que agora, neste livro, vai abençoar muitas vidas. Como a da mãe dedicada que aplica seus conhecimentos na formação dos filhos, ela mostra sempre um caminho que nos leva a viver de bem com a vida.

Num dos capítulos, por exemplo, ela sugere à nossa filha, Fernanda (ainda criança na época), que vença o obstáculo de subir uma ladeira andando de costas. A partir daquela situação, Sonia mostra que também no dia a dia você pode encarar um desafio que parece impossível. Mas quando temos uma estratégia de alguém que já venceu esse obstáculo, é mais fácil ir além e superar. Como o exemplo de Sonia, em vez de olhar o que falta, olhe o que você já conquistou, cumprindo um principio bíblico de Filipenses 3:16, que diz: "Tão somente vivamos de acordo com o que já alcançamos."

Esses segredos que se descortinam como verdades espirituais vão abrir horizontes e mostrar o norte, e nos levarão a viver como o apóstolo Paulo escreveu em Romanos 8: "Nada pode nos separar do amor de Deus em Cristo, nem altura, nem profundidade, nem as coisas do passado, nem as coisas do presente, mas em todas essas coisas somos mais que vencedores." Ao ler este livro, tenho a certeza de que você chegará a esta conclusão: a de que há algo bom no futuro.

Ler estas páginas me fez relembrar de momentos muito especiais da minha vida sem me dar conta de que participei de alguns deles. Fui envolvido nesses segredos e, muitas vezes, ri sozinho dos relatos mais engraçados. Sempre, claro, acrescido de muitos ensinamentos que confirmam o conteúdo espetacular de uma mulher que acorda e dorme pensando no Criador do universo.

Mergulhe nestas linhas e, ao terminá-las, sua vida não será mais a mesma.

Sempre de bem com a vida.

Aprendi em tudo que a graça de Cristo me basta.

ESTEVAM HERNANDES FILHO

Capítulo 1

Entrando numa fria

Tenha certeza de que, se pudesse escolher uma forma de iniciar qualquer coisa, eu escolheria começar desde o começo (sim, eu sei, é redundância) com tudo já preparado pras fases seguintes, de preferência! Pois é, mas posso dizer que poucas coisas na minha vida funcionaram assim! De repente, eu me encontrava no meio de uma situação que, às vezes, até sabia por onde ou por que tinha começado, mas em geral não tinha a menor ideia de como fui parar lá. E o pior: não tinha nem tempo, condições ou oportunidade de tentar entender o que estava acontecendo. Isso acontecia porque eu fazia o que a situação estava me pedindo, reagindo de acordo com minha fé, procurando ter a atitude que Deus espera que tenhamos em meio ao inesperado; ou então, pessoas e valores inegociáveis iriam cair.

Foi o que aconteceu, por exemplo, quando em casa começou o Katsbarneia, a primeira banda de rock gospel do Brasil. Começou em casa porque quase todos os primeiros integrantes moravam em minha casa que, diga-se de passagem, foi o primeiro centro de recuperação pra viciados e dependentes químicos que organizamos. Doze pessoas que tinham sido completamente transformadas e libertadas pelo poder de Deus, moravam lá junto comigo, com meu marido e nossos dois filhos (na época ainda não tínhamos o Gabriel). Morávamos em nosso quarto, sendo que as crianças dormiam no chão.

Meu marido e eu começamos a ensinar àquelas pessoas a se relacionar com a sociedade e com Deus, passando a agir e reagir de acordo com os preceitos da Bíblia, a orar e a louvar. Tratava-se de um grupo formado principalmente por músicos. Por isso, as experiências espirituais acabaram também dando origem a canções. Meu marido, que oferecia assistência às pessoas que viviam ali, também se sentiu inspirado pelo processo que elas estavam passando e compôs várias músicas. Aquele clima foi tão envolvente e intenso que levou à gravação de uma primeira fita cassete.

Parecia algo simples, singelo, mas ninguém tinha ideia de que começava ali uma revolução da música gospel no Brasil. Não estranhe quando digo isto: quem conhece nossa história e nossa família sabe que, originalmente, éramos roqueiros. Na verdade, continuamos a ser, dentre os outros muitos estilos musicais de que também gostamos.

A reunião que fazíamos pra jovens começou na sala da minha casa, depois passou pro subsolo da Igreja Árabe, onde nos reunimos por quase três anos até chegarmos à rua Lins de Vasconcelos. Nessa época, a banda começou a tomar corpo e outros jovens entraram na formação, entre eles uma menina que estudava no colégio Objetivo, onde estava sendo realizado um festival de música que revelou e projetou muitos talentos, assim como recebeu o reconhecimento da mídia em geral. Era o famoso FICO — Festival Interno do Colégio Objetivo.

A menina inscreveu o Katsbarneia, que ganhou o festival com a música *Extra-Extra*, o que nos deu também abertura pra falar do amor de Deus aos jovens daquela escola, como já tínhamos feito em outras. O objetivo era resgatá-los das drogas e levá-los a uma experiência transformadora.

Além de serem completamente revolucionárias na época, pois não havia nenhum traço que as identificasse como religiosas, aquelas reuniões levaram centenas — e, em alguns casos, até milhares — de jovens a viver uma verdadeira experiência espiritual, tão forte e eficaz que os libertava completamente das drogas, dos vícios, de comportamentos destruidores. Era algo extraordinário, capaz de transformá-los em pessoas felizes, cheias de amor. A partir dali, gente completamente perdida encontrava um norte pra vida. Aliás, é disso que daqui a pouco quero falar. Mas permita que eu conte mais um pouquinho dessa história.

Sinuca de bico

Terminado o trabalho de gravação da primeira fita cassete do Katsbarneia, *O som que te faz girar*, veio a ideia de fazer o lançamento em um grande show com o propósito de levar aquela mensagem libertadora a muito mais jovens. Era o início do movimento gospel no Brasil, portanto o evento precisaria ser gratuito — o que não significava que não tivesse custos, é claro.

Meu marido conseguiu o Centro Poliesportivo do Ibirapuera, amigos nos ajudaram gravando comerciais que algumas emissoras veicularam gratuitamente, mas havia ainda um alto custo de som, luz, cartazes, folhetos, faixas, enfim, toda uma estrutura mínima essencial pra fazermos um show de verdade. E isso sem falar da divulgação, já que na época não contávamos com estações de rádio e a TV Gospel ainda não era sequer um sonho. Já ouviu falar da expressão "sinuca de bico"? Era exatamente isso que estava acontecendo.

Ficamos sabendo de um empresário que se sentiu sensibilizado e queria nos ajudar. E lá fomos nós... quer dizer, e lá foi meu marido. Ele entrou em contato com o empresário, marcou uma reunião e, no dia combinado, como trabalhava numa multinacional, pediu que eu o encontrasse na porta do prédio onde a reunião aconteceria. Era coisa de intimidar mesmo: o escritório ocupava um andar inteiro da avenida Paulista, uma das mais chiques e imponentes de São Paulo. Imagine a situação: que roupa seria a mais adequada? E maquiagem, sapato, bolsa? Deveria ser um negócio bem fácil pra mim porque fui criada praticamente dentro de confecções de roupas, loja de departamentos e butique. Mas, naquela hora, dada a importância do encontro e quem estava representando a empresa, *bateu* uma completa insegurança.

Venci o primeiro desafio, porque em dias como esses, sabe como é: a maquiagem não sai tão boa, borra tudo; é um horror. Já havia deixado as crianças na escola, mas faltava conferir se o material de apresentação do grupo estava todo ali. Precisava deixar a casa toda em ordem e os doze mais ou menos ajeitados também. Mesmo assim, cheguei bem adiantada, quase uma hora antes do combinado, e fiquei esperando meu marido. Como ele era na época diretor de marketing de uma empresa multinacional, estava acostumado a falar com empresários.

Uma das qualidades de Estevam é ser muito pontual. Na verdade, ele costuma chegar um pouco adiantado aos compromissos. Foi por isso que estranhei quando, passados quinze minutos depois do horário acertado, ele ainda não havia aparecido. "Como assim?" Procurei um telefone público, o famoso *orelhão*, porque não havia celular na época. Liguei pro escritório dele, já com as mãos frias de ansiedade. Uma de suas secretárias me atendeu e disse: "Desculpe-me, dona Sonia, mas ele está em uma reunião de diretoria e não tenho como interromper, mas vou entrar e deixar um papel informando que a senhora ligou."

A essa altura, já não eram só as mãos que estavam frias. Comecei a sentir também um frio na barriga! Comecei a orar: "Senhor, faz esta reunião acabar logo, senão não vai dar tempo de meu marido chegar." Passados cinco minutos, lá estava eu novamente ligando. A mesma secretária me atendeu e falou: "Um minutinho só, dona Sonia, que o senhor Estevam vai falar com a senhora."

Faltavam pouco mais de vinte minutos pra reunião com o empresário quando meu marido pegou o telefone e, com a maior calma do mundo, me avisou: "Sonia, tudo bem, amor? Olha, não tenho como sair agora, mas vá lá, querida, em nome de Jesus! O Senhor vai honrá-la! Beijo! Amo você! Tchau!"

Depois que ele desligou, ainda fiquei segurando o telefone no ouvido por alguns segundos, estática, pensando: "Não, isto não está acontecendo comigo! Não deu nem tempo de falar nada!"

Eu não sabia o que fazer. Sair correndo? Ligar de novo pra avisar que não ia também? Não dava. Desmarcar a reunião? Nem pensar. Faltava menos de um mês pro evento.

Você talvez esteja pensando: "Aonde ela quer chegar com essa história toda?" Por favor, espere um pouquinho que já chego. Vou explicar como comecei a descobrir, a partir daquela situação, que certos medos, inseguranças, chiliques e até alguns ataques de depressão não são pra qualquer um, não! São apenas pra quem tem alguém que possa se responsabilizar e arcar com os danos de nossa covardia, de nossas reações irresponsáveis. Ou, em última análise, pra quem é completamente inconsequente, o que não era nem de longe o meu caso. Tem solução pra isso, como você vai ver daqui a pouco. Mas me acompanhe nesta história.

Eu não tinha alternativa! Tratava-se de um evento que simplesmente envolvia tudo de mais precioso que tenho: minha fé, meu marido, minha família, meu ministério, minha essência; enfim, tudo o que eu mais prezo.

Sabe o que é se sentir num "mato sem cachorro"? E ainda largada, colocada em segundo plano? A vontade era de sair correndo! E foi o que fiz. Do *orelhão*, entrei correndo numa lanchonete bem em frente, comprei três tortinhas de maçã daquelas fritas e comecei a comer sem nem mesmo sentir o gosto. Minha cabeça estava a mil por hora. Meus sentimentos, então, pareciam uma pororoca, o encontro das águas salgadas do oceano Atlântico com as doces do rio Amazonas, que levanta ondas enormes. Enquanto devorava a primeira das tortinhas fritas, logo de manhã, pensava: "Meu Deus, como é que fui entrar nesta *fria*? Como é que vim parar aqui?" Apesar de gostar de rock, minha formação musical era clássica. Nos tempos de solteira, ia a recitais em teatros pra ver maestros famosos, orquestras. Como saberia falar de rock com segurança? Não tinha base acadêmica pra isso.

E lá fui eu pra outra tortinha de maçã. O estômago vazio já tinha começado a reclamar, mas quem tinha tempo pra ouvir ou sentir?

Meu *chororô* mental continuava. Se meu marido sabia que a reunião com o empresário poderia ocorrer naquele dia, por que marcou outra em seu trabalho? Não tinha a menor ideia de como iniciar a conversa. Como é que a gente faz quando está no meio de uma situação e não foi treinada e nem preparada pra ela?

Voltei a orar imaginando que Deus daria um jeito de me livrar daquilo porque, cá entre nós, é mais fácil buscar livramento do que vitória, né? Livramento é imediato; já a vitória, a gente precisa lutar pra conquistar.

Diante das circunstâncias, o *chororô* aumentou e entrou na fase da argumentação misturada com reclamação: "Jesus, tem certeza de que sou eu mesma que tenho de apresentar o projeto? Por favor, me diga que o homem vai atrasar um pouco pra me atender, e nisso o Estevam vai chegar. Ele é mais bem preparado do que eu pra reuniões como essas. Além disso, estou me sentindo exposta a uma situação sem ser avisada! Olha, Pai, não é que eu queira reclamar, mas..."

Vamos combinar: ridículo, né? É impressionante como a gente consegue, em cinco minutos, pensar tanta coisa que não ajuda em nada e ainda ficar mais desesperada.

Chegou a vez da terceira tortinha. Aí não deu mais! Pra completar, quando tentei dar a primeira mordida, uma dor de estômago gritou: "Ô, de cima! Pode parar que eu não tenho nada a ver com este enrosco! Pra cima de mim com outra torta dessas, não vem, não!"

Em menos de dez minutos, eu já me sentia uma louca, mas ainda tive tempo de apresentar meu último argumento: "Senhor, pense bem: acha que isso é coisa pra mulher fazer? (É importante que você leve em consideração que eu tinha pouco mais de 20 anos, e isso foi no início dos anos 1990.) Foi nessa hora que fiz uma pausa nas minhas reclamações e ouvi o Espírito Santo, que aproveitou e com sua doce voz falou em meu interior: "Sonia, não existe pra mim essa distinção entre homens ou mulheres. Vejo gente disposta a me servir. Vá em frente porque estarei com você e lhe darei graça. Lembre-se de que prometi estar com você todos os dias até a consumação dos séculos."

Aquela voz em meu interior me trouxe muita paz e uma segurança tão grande que não só colocou fim àquele desespero alucinante como ainda tirou todo o meu medo. Como num piscar de olhos, me colocou em liberdade, transportando-me pra uma estrada linda com árvores floridas exalando sua fragrância de um lado e um rio cujas águas cantavam do outro lado. Tanto que, logo em seguida, pude expressar o fruto dessa experiência em uma de minhas primeiras composições musicais:

> Eu sei que estás comigo, Senhor,
> Ainda que meus pensamentos não te alcancem.
> Eu sei que estás comigo, Senhor,
> Ainda que meus sentimentos digam: Não!
> Sei que estás comigo,
> Mesmo quando sou julgado, pelos homens, abandonado!
> Teu amor me cura!
> Tua Palavra me ajuda a levantar e a andar.

Pronto, agora cheguei aonde eu desejava: transmitir o que aprendi com aquela situação tão complicada.

Hoje em dia, após ter enfrentado tantos e maiores desafios, posso dizer que algumas atitudes podem ajudar você a se reorganizar, sair pra luta e voltar com a vitória conquistada. Quando a insegurança e o medo se apoderam de você, assuma estas posturas que indico a seguir.

Não dê asas a sentimentos e pensamentos que o fragilizam

Você está diante de um desafio. Isso quer dizer que suas forças, sua capacidade de raciocinar, sua capacidade de reagir e também a de se proteger e avançar pra atingir um patamar mais elevado estão sendo testadas. Pra isso, você precisa administrar bem seus pensamentos e sentimentos. Sente-se na cadeira do comandante e organize-se pra chegar aonde precisa.

Não seja um problema a mais pra si mesmo

Em meio a desafios assumidos ou mesmo inesperados, a baixa autoestima, a murmuração, o cansaço fora de hora, a irritação e mesmo atitudes completamente inadequadas, como se encher de comida ou se privar dela, atrapalham muito, e acabam se tornando nossos maiores inimigos. Neste momento, você precisa manter todas as suas forças centradas num só objetivo: vencer o desafio.

Pense numa solução

No momento do desafio, não adianta nada ficar pensando ou até mesmo falando que deveria ter feito isso ou aquilo, que poderia ter evitado a provação pela qual está passando, que deveria ter falado sei lá o quê, que o certo era não ter aceitado tal proposta ou ouvido aquele conselho. Quer saber? Tarde demais pra isso.

Se o desafio em questão, a situação que você precisa enfrentar, é fruto de um erro, arrependa-se realmente sem procurar se justificar. Peça perdão e misericórdia, assim como sabedoria, poder e graça pra enfrentar e vencer. Matar, acusar, julgar, condenar, punir, castigar, tudo isso qualquer um é capaz de fazer, mas perdoar é uma das capacidades divinas que só os que estão com Deus podem ter.

Busque ajuda com quem sabe

Se for um desafio prolongado, reforce sua aliança e sua fé em Deus com votos, propósitos, períodos de oração, buscando ao máximo possível ouvir a Palavra, que é a fonte da fé, uma das maiores e mais eficazes forças pra nos fazer vencedores em tudo. Pra momentos como esses é que autoridades espirituais foram construídas por Deus pra nos ajudar a ter escolhas e tomar atitudes que nos levarão à vitória.

Avalie as saídas possíveis

Diante de todas essas coisas, nunca deixe que seus pensamentos apontem pra uma única alternativa, senão você pode acabar ficando frustrada consigo mesma, com Deus e ainda assumir a condição de perdedora quando a luta ainda não acabou. É só um *round*! Se buscar a direção de Deus, o que envolve estar comprometida com os projetos dele pra sua vida, você vai ver que há muito mais soluções do que, de repente, conseguiu visualizar. Verá caminhos onde parecia não haver nada e passará pela maravilhosa experiência de testemunhar um mar se abrindo na sua frente pra poder ultrapassar e vencer o que veio pra destruí-la.

Considere a realidade da dimensão espiritual

Acredite ou não, o mundo espiritual existe e atua diretamente sobre o nosso mundo. Não importa se você acredita na existência ou não do polo sul — ele está lá com suas geleiras, assim como o degelo que está ocorrendo por causa do aquecimento global, e as duas coisas afetam também a nossa vida. Assim também é o mundo espiritual.

Por isso, assim como da parte de Deus há um empenho em nos ajudar e abençoar, há um esforço muito forte do lado contrário pra nos matar, roubar e destruir. O empenho em nos abençoar se renova a cada manhã, com as misericórdias do Pai. E isso foi demonstrado de forma tão contundente a ponto de a história da humanidade ter sido dividida em antes e depois do nascimento, do sacrifício e da ressurreição de Jesus Cristo. Mas é preciso ficar alerta, pois o lado oposto não poupa nenhum artifício que possa nos seduzir, encantar, enganar, iludir e manipular.

Por incrível que pareça, nossa guerra não está no que vemos, mas se origina no que não vemos: no mundo espiritual. Acabamos por ser e viver aqui o que começou na dimensão espiritual. Cabe a nós decidir de que lado queremos estar, quer dizer, por qual dos lados nos deixaremos conduzir e de qual deles satisfaremos os nossos desejos.

Ao escolhermos ser a manifestação da vontade e dos planos de Deus aqui na terra, enfrentamos a oposição de pessoas e situações manipuladoras que se aproveitarão de nossas fragilidades emocionais, de nossas carências, dos medos, das inseguranças, da baixa autoestima, das necessidades e de tantas deformações e tantos traumas sofridos pra nos desviar, distrair, desanimar e, por fim, nos afastar de Deus, o que acaba transformando as pessoas em massa de manobra, roubando a força e nos destruindo por intermédio de pensamentos e sentimentos que nos transformam em nossos piores inimigos.

Por isso, nossa relação com Deus deve estar muito bem alicerçada e fundamentada numa verdadeira aliança que precisa ser alimentada, celebrada e demonstrada em atitudes provenientes da fé, da confiança e da busca do conhecimento de Deus. Assim, podemos contar mais com ele e nos apresentar pra representá-lo aqui na terra.

Conte com Deus

O relacionamento com Deus só é possível se houver fé, ou seja, confiança irrestrita nele; certeza do que não se vê e convicção de que se vai viver o que se espera. De uma maneira mais simplista, quanto maior sua fé e sua confiança em Deus, maior será sua entrega. Funciona como o princípio da semeadura e da colheita — quanto mais confiança, mais atitudes provenientes da fé você terá, atitudes que muitas vezes serão criticadas, incompreendidas, mas que estão fundamentadas numa relação de confiança irrestrita e inabalável. Isso permitirá que você veja a interferência de Deus Todo-Poderoso tanto nas mínimas coisas quanto diante das coisas impossíveis, dos milagres, das maravilhas. Essa confiança gera a esperança que nunca frustra e sempre nos faz viver muito mais do que nossas expectativas.

Ah, quer saber como terminou a reunião?

Eu me desculpei por meu marido não poder estar presente e comecei a mostrar algumas fotos e dar testemunho do que estava acontecendo em nossa casa nas reuniões de segunda-feira. Antes que eu pedisse qualquer coisa, aquele executivo poderoso me disse: "Nós vamos ajudá-los a fazer esse show." Após falar um pouco de sua vida familiar, ele me perguntou: "De quanto vocês precisam pro evento?" Mostrei uma planilha de custos que meu marido havia preparado e ele, após dar uma olhada, limitou-se a dizer: "Tudo bem."

Você acredita nisso? Simplesmente, "tudo bem"! E pensar que eu tinha entrado em crise e ainda estava com dor de estômago. Pra quê tanta tensão? Pois é, foi por isso que escrevi há pouco: "Conte com Deus."

E não parou ali, não. O próprio empresário prosseguiu:

— Mas aqui não há previsão de faixas pra divulgação. Vocês já têm?

— Não — respondi.

— Então, vamos providenciar! E quanto a folhetos, cartazes, mala direta?

Nem tive tempo de responder.

— Minha empresa vai fazer tudo e daremos também este apoio financeiro —, ele disse já em meio a telefonemas, dando ordens a um e outro pra que providenciassem o que ele ia me falando.

Saí do escritório como quem sonha, como está no Salmo 126. Quando vemos o cumprimento da Palavra de Deus em nossa vida, em nosso dia a dia, é algo lindo, maravilhoso.

Apesar de toda insegurança, o fato de me deixar conduzir pela voz do Espírito Santo, me colocou num lugar e numa situação fora do comum, fazendo o que não sabia que iria fazer, mas recebendo a graça pra realizar. E depois vieram tantos outros desafios maiores e bem mais complicados. Mas não tem preço a conquista de saber que somos escolhidos e capacitados pra enfrentá-los, vencer e ainda experimentar o prazer e o sentido de realização indescritíveis por termos sido escolhidos pra derrubar o gigante que se apresentou.

Isso tudo nos impede de ficar traumatizados ou emocionalmente marcados por sermos "azarados", por termos sempre gigantes cada vez maiores pra derrubar; pelo contrário, nos faz sentir muito especiais. Homens e mulheres com os quais Deus pode contar pra enfrentar desafios que sempre vão além de suas condições humanas, mas que não recuam; andam, lutam e perseveram na certeza de que ele está no controle de tudo e que, no fim, valerá a pena ter lutado, não ter fugido, não ter se escondido atrás de desculpas, de revolta e de blasfêmia.

Jamais permita que um desafio afaste você do amor de Deus, seja qual for a natureza da situação: profissional, familiar, financeira, pessoal. A vitória é possível até diante dos problemas mais difíceis e complicados, como vencer a traição, a infidelidade, a ingratidão, a calúnia e a difamação; as acusações injustas, as muitas injustiças; a falsidade; a dor da enfermidade em seu corpo ou no de quem você ama. Ou ainda a perda de alguém muito valioso, alguém que foge a todas as regras e nunca poderá ser substituído.

Ah, quer saber do evento? Foi maravilhoso. Superlotado e um verdadeiro show de transformação e mudança de vidas. Quando sua força vem do Senhor, não há o que possa resistir ou impedir. Nem você mesmo, com seus traumas e suas limitações.

Quer saber? Se não dá pra começar do começo, vai do meio mesmo. O importante é chegar a um fim vitorioso! Entrar numa *fria* é desistir de lutar, é pra quem se acovarda, quem se revolta, quem se esconde ou quem, até por não conhecer Deus, acaba se retraindo e deixando de viver em plenitude, de bem com a vida.

Capítulo 2

A ladeirinha

Férias! Tempo de estarmos juntos como família, nos curtindo, brincando, desfrutando de cada pequeno segundo de prazer um com o outro. Isso sempre foi muito precioso e valioso pra mim. Quando me perguntavam: "Qual é o lugar onde você mais gosta de estar, de passar férias, de ter seu lazer?" Minha resposta, via de regra, surpreendia: "Pra mim, esse lugar chama-se 'minha família'. Estar com o meu marido, meus filhos, seja onde for. Tudo com eles é muito bom!"

Quando tirávamos férias era ainda melhor, a família ficava um pouco maior, pois levávamos também a dona Geni, minha sogra, que é uma das pessoas mais especiais que conheço, e também meu sobrinho Luciano, filho da irmã de meu marido, que é viúva. Isso quando ela mesma não ia junto. Sempre era muito bom.

Não tem preço sentir a convicção de que conseguimos aproveitar ao máximo a oportunidade de ser feliz ao lado de quem amamos. No fundo, isso acaba se transformando em recordações alegres e ainda nos livra de remorsos, da acusação de não estar bem com quem se ama, ainda que pra isso tenhamos de ceder em alguma coisa, relevar outras. Esse é um valor que devemos acumular pro nosso futuro: a alegria de ter vivido cada fase da vida priorizando o que realmente tem valor. O que vem de Deus, dinheiro algum no mundo pode nos dar. Tenha certeza, e digo por experiência própria, que isso trará muito valor para sua saúde e bem-estar mental no futuro.

O Tid devia ter mais ou menos uns 5 anos e a Fê, uns 3, coisa assim, e como fazíamos sempre em todas as férias desde que me casei com o Estevam, fomos pra uma casa na praia. Daquela vez, fomos pra uma praia no litoral norte de São Paulo que, diga-se de passagem, é muito bonita.

Era uma casa que ficava num condomínio em declive que terminava na praia, a uns dois, quase três quarteirões do mar. Descíamos com as crianças todo dia a pé, cada um levando alguma coisa, ou seja, guarda-sol, cadeiras, esteiras, baldinhos, boias, toalhas, bronzeador, protetor solar, brinquedos e por aí vai. Passávamos o dia inteiro na praia, e era muito divertido.

Brincávamos no mar; fazíamos castelinhos de areia; acabávamos almoçando por lá e voltando só umas três ou quatro da tarde. Às vezes voltávamos pra almoçar em casa ou, se já tínhamos comido na praia, saíamos pra passear. Muitas vezes ficávamos brincando em casa mesmo. Enfim, passamos dias muito felizes, nos curtindo como família e também aproveitando pra descansar, ler mais a Palavra de Deus, compor música, ensinar as crianças sobre tudo: desde pegar ondas com pranchinha, mergulhar, jogar tênis de praia, até sentar à mesa contando histórias bíblicas, brincando com joguinhos de memória, dominó etc. Também tínhamos um tempo como casal: andávamos na praia de mãos dadas, namorando e também orando juntos. Era muito bom, fazíamos tudo o que a gente gosta, ama e acredita. Férias à nossa moda, pra gente ser feliz, entende?

Falo isso porque tem muita gente que tira férias pra depois contar pros outros. São pessoas mais preocupadas em contar do que curtir, descansar e aproveitar ao máximo pra fazer tudo que gostam e também que acreditam.

Chega a hora de subir a ladeira

Num desses dias, fomos pra praia com todo o nosso arsenal, e lá pelas duas ou três da tarde, meu marido e o Tidão voltaram pra casa. A Fê queria ficar mais um pouquinho brincando. Nessa época, o Gabriel ainda não havia nascido.

Minha sogra e minha cunhada eram daquelas que "acordam com as galinhas", ou seja, às seis da manhã já estavam na praia, e no máximo às onze estavam de volta em casa e já se encarregavam de fazer o almoço. Por causa disso, resolvi ceder aos pedidos da Fê e ficar com ela brincando até que resolvesse voltar pra casa. Isso demorou quase duas horas. Pra quem tinha chegado por volta das nove da manhã na praia, quero dizer que já estávamos havia quase oito horas pulando onda, andando, brincando, fazendo castelos de areia, comidinha nas forminhas de plástico e rindo muito. Mas a hora de subir a ladeira chegou.

A Fê parece de porcelana. Uma boneca! E, por ser clarinha, tivemos de ficar com guarda-sol, toalha, baldinho, forminhas, sacola com protetor solar e muitas coisas mais. Enfim, me faltavam braços e mãos pra levar tudo. Ela iria precisar me ajudar, levando parte de seus brinquedos, o que já estava no trato quando decidimos ficar um pouco mais na praia.

Você já deve ter sentido o problema, não é? Colo, nem pensar!

Apesar de perto, quando se está cansado, toda distância é grande demais. Mal saímos da praia e começamos a andar na direção da casa, começou o *chororô*: "Não aguento. *Tá* muito longe. Eu *tô* cansada. Quero colo!"

Mesmo usando todo o meu poder de argumentação, parecia que não conseguia minimizar ou despertar nela a vontade de subir logo aqueles dois quarteirões, que ficavam ainda maiores por ter uma rotatória no caminho. E agora, o que fazer?

Ela já havia passado a fase da reclamação e entrado na do choro. Nesses momentos, a vontade que dá é de brigar com a criança e fazê-la andar, nem que seja arrastada. Dar o maior show no meio da rua? Ah, não! Não mesmo. Perder tudo de bom e gostoso que aconteceu, chegar em casa desgastada emocionalmente e ainda com sua filha em pânico? Sinceramente, não havia ficado com ela mais um pouco pra receber isso como recompensa.

São tão valiosos esses momentos simples e, ao mesmo tempo, tão únicos, desfrutando a alegria de ser mãe, de curtir seu filho ou sua filha! Não poderia permitir que uma ladeirinha daquelas me trouxesse um prejuízo e um desgaste emocional tão grande, depois do dia tão alegre e feliz que tivemos.

Busquei a Deus e pedi sabedoria pra não colocar tudo a perder porque não queria ser privada do dia tão especial que vivi. Foi quando ele me deu uma estratégia. E eu disse a ela:

— Já sei como é que este caminho pode ficar mais curto e chegarmos mais rápido, quer saber?

Precisei insistir e falar de novo com maior entusiasmo pra que ela pudesse me ouvir. Chorando e em meio aos soluços, ela balançou a cabeça, dizendo que sim.

— Bom, então precisa parar de chorar. Porque quem chora não consegue ouvir direito, e este é um segredo que vou te contar só porque você está muito cansada, senão eu não contaria.

Ainda soluçando, com a ponta do narizinho vermelhinha e os lindos olhos verdes cheios de lágrimas, ela parou de chorar e falou:

— Tá bom! Já parei de chorar, me conta agora.

Olhei pra ela e falei:

— Está preparada?

Curiosa e sem chorar mais, respondeu que sim. Então eu disse:

— Vamos andar de costas — e já virei, começando a caminhar de costas, o que ela, em seguida, imitou.

— E daí?

— Daí? Olha só quanto a gente já andou. Tá vendo a praia? Olha o nosso castelo. Tá vendo? Olha. *Tá* lá longe. Viu?

E sem parar de andar, comecei a falar o quanto já havíamos vencido.

— Tá vendo? Já passamos a rotatória. Agora só falta mais um pouquinho.

Ela ficou animada e começou também a me contar as coisas que mais chamavam sua atenção no caminho:

— É verdade, mamãe. Olha aquele coqueiro grande e torto, já passamos também. E agora a casa amarela.

Enquanto ela chamava a minha atenção prum lado, eu chamava a sua atenção pro outro:

— Olha, Fê. Estamos passando em frente àquele terreno que fica bem pertinho da nossa casa. Ai! Nem vou olhar mais. Acho que mais uns dez passinhos e já chegamos...

Animada com a brincadeira, ela olhou pra frente e saiu correndo, dizendo que ia chegar na frente, o que realmente aconteceu, e ainda toda prosa, contando ao pai que sabia um segredo pra deixar o caminho da praia mais curto.

Reclamar de coisas pequenas

Como diz o apóstolo Paulo na Bíblia: "Todavia, andemos de acordo com o que já alcançamos." A tendência que temos é a de nos deixar desgastar por aquilo que temos de enfrentar, ainda que seja apenas uma pequena ladeira. Toda atitude que tomamos movidos pelos sentimentos e pelas situações do agora nos custa muito.

Se tivesse largado as coisas que estava carregando e tomado minha filha no colo pra levá-la em casa, imagine o que não falaria pra ela durante o caminho? Aí, quem iria reclamar e murmurar seria eu. E ainda sem garantia alguma de que ela pararia de chorar até mesmo pra se defender das minhas reclamações. Ia ser uma reclamação infindável. E ainda teria de voltar pra pegar as coisas num estado de humor, posso garantir, abaixo de zero. Porque eu também estava cansada.

Não podemos permitir que coisas pequenas ou até mesmo nosso cansaço roubem os momentos valiosos, únicos que marcam nossa vida pra sempre: brincar na praia sozinha com sua filha, fazendo castelo e bolinho de areia, depois pular onda e mergulhar pra tirar a areia do corpo com a água do mar, de mãos dadas, carregando-a no colo, levando *caldo* das ondas, ficando bem na beirinha do mar e fugindo da última ondinha pra ela não conseguir nos alcançar; fazendo guerra de água, se sujando toda de areia molhada, virando a "mulher-castelo", cheia de areia molhada em cima, catando conchinhas pra fazer pulseira e colar depois em casa. Tudo isso é muito importante pra ser esquecido quando temos de enfrentar uma ladeirinha.

Muitas vezes, por nos sentirmos exaustos, acabamos perdendo a visão do que já conquistamos e de quanto isso é valioso. Deixamos que pequenos desafios, pequenos esforços ainda necessários, tornem inúteis todo o tempo e recurso investidos. É até desonesto conosco. Depois de tanto empenho, acabar literalmente, como diz o dito popular, "morrendo na praia"... ah, é demais. Você não acha?

Aquele tempo a mais na praia com minha filha, brincando na areia e no mar, me faz sorrir sozinha até hoje, sempre que lembro. Da mesma forma, quem sabe você já investiu tanto em seu casamento ou nessa relação, profissão, nesse sonho, nessa missão, e agora que está tão perto de conseguir o que sempre desejou, vai colocar tudo a perder?

É só uma ladeirinha!

Não desista depois de tudo que já conquistou

Pense bem em tudo o que você já conquistou e ande de acordo com suas vitórias, alegrias e conquistas. Você vai ver. Vai ficar bem mais fácil vencer esse restinho, mesmo que seja um desafio.

Muitas vezes, perdemos momentos valiosos, oportunidades únicas que Deus nos dá com aqueles que amamos, e que podemos desfrutar e viver só naquele tempo. Nunca mais as teremos daquela forma, e sabe por quê? Porque faltou só mais um pouquinho.

Um pouquinho mais de boa vontade; um pouquinho mais de disposição; um pouquinho/montão de sabedoria que vem do alto. Muitas vezes caímos no engano de que podemos desperdiçar, jogar fora, deixar perder porque temos tanto que até parece que nunca vai acabar — quando, na verdade, daquela forma, daquele jeito e naquelas condições, nunca mais viveremos.

Poderemos até mesmo ter outras situações e oportunidades, mas aquela? Nunca mais. Foi roubada, perdida, jogada fora porque nos faltou sabedoria ou sensibilidade pra lutar por ela, buscando defendê-la; investindo um pouco mais em nós mesmos, em nossa boa vontade, criatividade, disposição pra ser feliz, ainda que pra isso tenhamos de ir além de nosso limite. O primeiro impulso que temos, em geral, é sempre muito egoísta. Ir além e investir demanda esforço, empenho e, posso até mesmo falar, humildade pra aprender e desprendimento pra abrir mão de alguns direitos e doar amor em favor do bem-estar de nossa família, das pessoas que amamos.

Aquela possibilidade de emprego que você recebeu, as pessoas que foram colocadas em suas mãos pra ajudá-las a ter maior comunhão com Deus, tudo isso constitui oportunidades únicas que a cada dia nos são ofertadas e que, por não enxergá-las dessa maneira, acabamos desperdiçando, dando vazão ao que, no momento, é mais fácil ou nos favorece, com atitudes egoístas, indelicadas e até mesmo agressivas, violentas ou de completo descaso.

A pacificadora

Reações como a minha, buscando ajuda e sabedoria de Deus pra não perder tudo o que já havia conquistado ao longo dos anos, me valeram mais um apelido em casa, porque tenho alguns. Em sua grande parte, vieram do Tidão. Meu filho mais velho, dono de uma inteligência incrível, sempre consegue perceber detalhes e peculiaridades que passam despercebidos à maioria das pessoas. Brilhante, divertido, detecta com facilidade características pessoais que às vezes até mesmo a própria pessoa nem sabe que tem.

O apelido era *hot towel.* O que, traduzido livremente pro português, quer dizer "panos quentes". Ou seja, aquela que está sempre procurando contornar aqui e ali pra evitar conflitos desnecessários por coisas e situações em que um pouco de compreensão e disposição em manter a harmonia e a paz é só o que está realmente faltando. O que, em outras palavras, significa ser uma pacificadora.

Também há uma grande promessa àqueles que buscam a capacidade de ser pacificadores, o que hoje em dia está bem em falta, diga-se de passagem.

Essa promessa está na Bíblia, no livro de Mateus capítulo 5, versículo 9, e diz assim: "Bem-aventurados os pacificadores, porque serão chamados filhos de Deus." Isso quer dizer ser reconhecido como tendo características que levam as pessoas a se lembrarem de Deus, além de desfrutar de toda condição, cuidado, capacidades diferenciadas e honra que só um filho desfruta.

Por isso, o conselho é bem simples: *andemos de acordo com o que alcançamos, e não com o que temos a enfrentar, e aproveitemos as oportunidades.*

Um de meus conselhos pra minha filha era: quando a gente está cansada, não deve avaliar a vida e nem pensar muito no que ainda temos de fazer. Quem faz isso chega à conclusão de que tudo foi uma droga; que você não aguenta mais; que já deu; que não se tem mais forças pra investir e nem vontade de se esforçar pra mais nada. Sabe, acaba acontecendo com você o que aconteceu com as cinco virgens loucas, da parábola que Jesus contou.

Eram dez virgens que estavam esperando por um noivo pra entrar numa superfesta de casamento. Só que, pra viver esse grande sonho, essa honra, isso tudo, elas precisavam manter acesas suas lâmpadas, que eram alimentadas por óleo. Quem estivesse no escuro não iria entrar pra grande festa de casamento.

Acontece que o noivo começou a demorar, a ponto de elas não aguentarem mais e dormirem. Isso aconteceu com todas.

Só que cinco delas, prevendo que talvez o noivo realmente demorasse, e não querendo perder seu sonho por nada — afinal de contas, tinham passado uma grande parte de sua vida esperando —, levaram consigo óleo de reserva.

As outras cinco deduziram que o noivo ia chegar dentro do prazo que elas tinham estipulado, ou seja, na hora em que achavam que tinha de ser. Por isso, o óleo que havia em suas lâmpadas deveria dar e ainda sobrar. Resultado: o noivo demorou, elas dormiram e nem perceberam que o óleo de suas lâmpadas havia acabado.

Quando ele chegou, logo foi anunciado com trombetas e toda a pompa: "O noivo chegou! Que se apresentem as noivas cheias de luz pra entrarem para a grande festa."

As que estavam dispostas a esperar o tempo que fosse, sem jamais abrir mão de seu sonho e de sua recompensa, pagaram um preço mais alto. Precisaram investir mais na relação do que as outras. Pra elas, simplesmente custou o dobro. Mas seu trabalho, sua espera, sua fé e sua perseverança valeram a pena. Como também valeu o desgaste da espera, do cansaço, do tempo em que não se vê nada, onde só a fé e a perseverança persistem, mantidas de pé só pelo amor ao noivo. Tudo isso valeu a pena. Estavam agora vivendo muito além do que tinham sonhado.

Enquanto isso, as outras cinco, que acharam que seria do jeito delas, na hora delas, acabaram por perder sua luz, vencidas pelo cansaço, pela espera, pelo abatimento, pela falta de forças. Porque não é fácil. Até mesmo as que tinham óleo pra esperar o tempo que fosse necessário tiveram seu momento de abatimento e cansaço. No entanto, ao som das trombetas, logo despertaram pra manter suas lâmpadas acesas e entrar na tão sonhada festa.

As que tinham sido vencidas pela escuridão da espera, ainda num último ato desesperado, tentaram obter um pouco de óleo das outras — as que, com sua vida, tinham resolvido pagar um alto preço pra viver a promessa. Claro que não conseguiram. E sabe por quê?

Porque cada um vai se alimentar do fruto de suas obras.

Veja o que está escrito em Isaías 3:10,11: "Dizei aos justos que bem lhes irá; porque comerão do fruto de suas ações. Ai do perverso! Mal lhe irá; porque sua paga será o que suas próprias mãos fizeram."

O que é uma ladeira, depois de tudo o que você já avançou?

Por isso, não abra mão de sua família, de sua carreira, de seu ministério, de sua vida, de seus sonhos. Não permita que o brilho de seus olhos, a força da motivação que nossos sonhos nos dão e nem a luz que a fé em Deus nos traz se apaguem por nada. Considere tudo o que você já investiu, tudo o que já conquistou, tudo o que Deus já a abençoou, mesmo que esteja passando por um momento, por uma situação que parece que não vai aguentar. Pode ser que, pra você, o sofrimento pareça estar acima de suas forças, mas não deixe de andar em direção ao seu alvo. Depois, você vai perceber que o maior peso quem levou foi Deus, e que durante todo o tempo ele esteve com você, ajudando. Até porque, de uma forma ou de outra, você chegou até aqui.

Por isso, resista. Persevere. Comece a celebrar cada pequeno avanço, se não houver uma grande conquista, ou pelo menos não seja possível enxergar nenhuma. Alegre-se a cada dia de vida que você, apesar de tudo, venceu. Um dia a menos. Já, já, todas as promessas se cumprirão em sua vida.

Eu aprendi a viver assim. E tenha certeza de que ajuda muito pensar que é um dia a menos, ao contrário de ficar repetindo: "Ai, mais um dia desse jeito, mais uma vez tudo isso." Depois, o que é mais uma ladeirinha pra quem já fez, já investiu e já aguentou tanto? Logo, logo acaba. A única coisa que nunca acaba é a disposição de Deus em nos abençoar. E ela ainda se renova a cada manhã.

Talvez seu corpo esteja precisando de mais energia, por estar numa condição física debilitada ou até mesmo estar em falta aqui na Terra. Mas nos Céus não está. Lá existe sabedoria de sobra porque muita gente deixou de buscar. Existe cura, provisão, paz, inteligência, dons e capacidades sobrenaturais que o Espírito Santo providencia, pois foi pra isso que ele permaneceu entre nós.

Agora, se não pedir, não vai receber. Se não buscar — e com determinação —, abrindo-se pra fazer do jeito de Deus e esperar sem abrir mão de viver o melhor desta Terra em todas as áreas (o que envolve ser treinado e preparado durante o tempo da espera e perseverança), se não tiver disposição verdadeira, defendendo o que já conquistou e não abrindo mão de seus objetivos, então não vai *rolar*, como se diz por aí. Sem perseverança ninguém vive sonho, ninguém vive promessa nem milagre de Deus.

Ande de acordo com o que você já alcançou, e não de acordo com a decepção ou até mesmo a vergonha do momento.

No fim, você ainda vai sair dessa não só tendo vencido, mas também enriquecido por aquilo que a comunhão com Deus nos ensina durante o caminho pra torná-lo mais curto e mais fácil.

Afinal de contas, só falta uma ladeirinha, não é? Só mais esta ladeirinha pra fechar esta fase com chave de ouro. Olhe para o que já conquistou e recobre seu ânimo. Vamos lá!

Fomos alertados no Evangelho que essas coisas acontecem e são ditas pra termos paz em Deus. É preciso lembrar que, por mais que passemos por aflições, precisamos manter o bom ânimo.

Não perca a grande oportunidade de ser feliz a cada dia de vida que você recebe. Lembre: hoje, você só tem o agora; depois, só o amanhã, porque o hoje terá virado ontem e você nunca mais poderá vivê-lo. Esteja sempre de coração aberto pra aprender e lutar por aquilo que você sonha e, sobretudo, por aquilo que já tem.

A comunhão e a fé em Deus vão ajudar você a viver seus desafios de uma maneira diferente, deixando-os mais leves, fazendo com que sejam possíveis, porque nossa disposição interior, assim como nossa maneira de enxergar as coisas, mudaram. E você vai acabar não só vencendo todos os seus desafios, mas também vivendo a diferença de quem crê e obedece investindo. Até mesmo pagando o preço com alegria, ao contrário de quem morre na escuridão, no cansaço, no desânimo, na murmuração, no choro, na depressão, com revolta e desgaste pela falta de forças.

Não se deixe vencer pelo mal, vença-o com o bem. Afinal, é só uma ladeirinha! Faça diferente e viva essa diferença.

Capítulo 3

Que tal se dar uma chance?

Administrar bem o tempo, convivendo com as diferenças e limitações de cada pessoa, é um dos grandes desafios que temos diariamente na vida. Uma das perguntas que mais me fazem é: "Como você consegue administrar seu tempo? Como consegue fazer tudo?"

Administrar bem o tempo e também as pessoas exige treinamento e muita dedicação, além de disposição pra ensinar, pra delegar até mesmo as coisas que gostamos de fazer, mas que outra pessoa poderia também fazer. (Essa parte é a que mais dói, pode acreditar.) Ainda devemos somar o aprendizado de saber trabalhar em equipe e alegrar-se com isso, sem se deixar desgastar pelas diferenças de comportamento e reações diante de uma mesma situação. Tudo isso realmente é uma conquista.

Um dia desses, em que tinha um milhão de tarefas a cumprir, passei rapidamente no supermercado, uma das coisas que gosto de fazer pessoalmente, mas que, hoje em dia, preciso delegar. Por acaso estava justamente passando em frente a um supermercado, parada pelo trânsito, quando me lembrei da listinha que tinha em minha bolsa. Mais do que depressa, resolvi aproveitar pra resolver isso, pois a situação de casa estava emergencial. Corri pelos corredores pegando o necessário, cheguei ao caixa, já passando as compras e ajudando o menino a empacotar. Tudo pra terminar rápido e sair correndo o mais depressa possível.

Acabei chegando, por fim, ao estacionamento com o carrinho cheio até a boca. O menino saiu pra me ajudar a levar as compras até o carro, enquanto eu rapidamente ligava o motor pra que o ar condicionado já começasse a funcionar. Coloquei a bolsa no banco de trás depois de ter separado uma *caixinha* pra dar ao rapaz e fui até o porta-malas, imaginando que quase metade das compras já estaria acomodada na minha Fiat Uno prata.

Aqui vou abrir um parêntese pra contar que meu marido, sem saber, um dia falou que iria trocar meu carro e apareceu justamente com o que eu queria. E eu não havia falado a ninguém — a não ser em minhas orações.

Mas, voltando ao supermercado, quando cheguei pra ajudar o menino a acomodar o resto das coisas (era o que eu pensava), eis que o pego estático, parado. Não tinha sequer tirado uma bolsa do carrinho. Sabe o que é nada?

Ah não, Jesus! Isso era o que realmente eu não estava precisando em meio à correria sadia de meu dia a dia.

— O que aconteceu, menino?

— Ah, dona, nem vou começar a descarregar, porque não vai caber.

Quase que "fuzilando" o garoto com os olhos, pensei: "Não. Isso não está acontecendo comigo." Respirei fundo, enquanto o

Espírito Santo me trouxe a lembrança de que costumamos nos arrepender de tudo o que fazemos por impulso ou de acordo com as circunstâncias porque sempre exageramos. Passamos do limite e nos expomos sem necessidade.

É impressionante como, numa fração de segundos, passa o histórico de sua vida inteira pela cabeça pra justificar a atitude que você tem vontade de tomar no impulso da situação. Mas consegui me controlar e, enfim, falar ao menino:

— Que tal pelo menos tentar? Acho que, se você me ajudar, vamos nos surpreender.

Se nos acomodarmos com a simples possibilidade de que algo talvez não dê certo ou de que tem tudo pra dar errado, podemos perder grandes oportunidades em nossa vida. Fui coordenando como os pacotes deveriam ser acomodados e, apesar de quase metade do porta-malas estar tomado por uma porção de coisas, conseguimos acomodar tudo. Olhei para o garoto e falei:

— *Tá* vendo como você conseguiu?

Acho que você pode chegar muito mais longe do que pensa. Meus sentimentos em relação ao garoto, que devia ter por volta de 16 anos, mudaram completamente. Em vez de sentir irritação e julgamento, fui tomada por compaixão. Afinal, era só um menino que precisava ser formado, ajudado, ensinado a viver.

Saí de lá pensando no que o apóstolo Paulo falou em sua carta aos Coríntios. Em outras palavras: "Será que vou ter de retroceder com vocês e tratá-los de novo como se fossem criancinhas? Sinceramente, já está na hora de vocês receberem um alimento mais sólido, serem pessoas mais maduras e emocionalmente muito mais estáveis e seguras. Agora, com esse tipo de reação diante de situações tão comuns, não tenho condições de dar mais, e isso, por consequência, faz com que não possam receber bênçãos maiores e autoridade maior da parte de Deus."

Se pensar e avaliar direitinho, quantas vezes você tem reagido como o menino do supermercado diante de situações que acontecem com todo mundo?

— *Ah! Não adianta nem orar, eu sei, não vai dar certo.*

— *Não adianta nem tentar, que vai ser trabalho jogado fora.*

— *Que loucura, isso é impossível. Eu* tô *fora! No que depender de mim, não movo nem uma palha.*

— *Assim não dá. Pra fazer isso preciso disso e daquilo e...*

Só porque fugiu do que você tinha planejado e se organizado, ou então porque não existem as condições mínimas indispensáveis, em sua opinião, ou ainda não está do jeito que você acha que tem de ser... pronto! É o que precisava pra ficar na paralisia, na revolta, na irritação, e acabar perdendo, por vezes, grandes oportunidades de ver o pouco que deve ser multiplicado. "Simplesmente não tenho condições de fazer nada", é o que você pensa.

Será mesmo que não dá para fazer nada?

Eu poderia aqui enumerar muitas frases aplicáveis a diversas situações, em que os limites estão dentro de nós, e não na situação que temos de enfrentar. Aliás, essa é uma verdade bíblica, pois está escrito que são nossos afetos que nos limitam.

Devemos ter a certeza de que Deus não nos dá nada além do que podemos suportar, mas somente dentro da nossa provação.

Isso traduzido quer dizer: de acordo com o desafio a ser enfrentado. O Senhor nos provê também o livramento, ou seja, a capacidade de vencer, superar e receber a sabedoria de que precisamos pra completar a tarefa que fomos eleitos pra desempenhar. Sim, podemos ter essa certeza, essa convicção de que nossa vida, desde os desafios menores até os maiores e mais absurdos, pode ser uma aventura maravilhosa. A certeza de que sempre resultará em maior aprendizado e conquistas que nos farão por todos reconhecidos e honrados acaba fazendo com que estejamos de bem com a vida em toda e qualquer situação.

Quem, ou o que, está dirigindo sua vida?

Será mesmo que você não consegue enfrentar as situações que estão acontecendo ou simplesmente tem medo de não conseguir? Talvez a simples possibilidade de falhar e, com isso, sofrer toda a angústia causada pela vergonha de não ter conseguido ou de ter acreditado em algo que não aconteceu toma conta de você de tal forma que causa paralisia. Talvez seja algo bem diferente: falta de fé, preguiça, comodismo, orgulho em preferir perder a rever seus posicionamentos.

Ou, quem sabe, mediocridade? Você acha sua função na vida tão desprezível que tem vergonha de ser quem é, por isso não se empenha. Afinal, acha sua vida tão ridícula que parece até mesmo um atestado de sua incompetência, por isso nem adianta buscar dentro dela alguma coisa que se pareça com a excelência, que dê algum tipo de realização especial, porque o máximo que pode sair daí é uma esmola. É esse o seu problema?

Cada pessoa tem atitudes baseadas em suas verdades interiores. O que é verdade pra você? Pra mim, a Palavra de Deus é a verdade e ponto final. E a Palavra de Deus diz que, se formos fiéis no pouco, no muito seremos estabelecidos. Quem não consegue ser excelente, criativo e diferenciado nem no mais simples, também não será no mais nobre e importante. Por isso, muitos pedem e acham que não receberam, ou que Deus atende todo mundo, menos eles. Não reconhecem que o pouco que Deus entregou, na realidade, é uma oportunidade e um caminho pra chegarem muito além do que pediram ou sequer um dia desejaram.

Preferem o caminho da autopiedade, da reclamação, às vezes da revolta contra Deus, blasfêmia e por aí vai. Grandes milagres aconteceram com muito pouco. O mar Vermelho se abriu a fim de que uma nação toda fosse libertada e deixasse de ser escrava com apenas o toque de um cajado. Era o que Moisés tinha nas mãos.

Será que você mesmo não está se autossentenciando? Não tem sido um grande impedimento para o seu crescimento e desenvolvimento? Você, pelo menos, já tentou? Caso sua resposta seja afirmativa, deixe-me continuar perguntando: quantas vezes e com que disposição interior?

Sabe, quando meu filho menor, Gabriel, era bem novinho e começou a escovar os dentes sozinho, perdi a conta de quantas vezes tive o mesmo diálogo com ele. Começava mais ou menos assim:

— Gabriel! Você escovou seus dentes?

— Escovei, mãe.

— Deixe-me ver.

Quando ele chegava perto, abria a boquinha naquele sorriso que mantém os maxilares bem cerrados, encostando assim os dentes de cima nos de baixo e abrindo bem pouquinho os lábios. Sorrisinho que sempre me fazia dizer a mesma coisa:

— Abra bem a boca que quero ver os dentes de trás também.

E, toda vez era a mesma coisa, dava até pra gravar e soltar a fita.

— Não está bom! Você não escovou os dentes ou, se escovou, não fez direito, pode ir escovar de novo.

— Mas eu escovei, mãe! — ele sempre reclamava, ao que eu respondia:

— Então não foi suficiente. Pode voltar e escovar os dentes do fundo e na parte de trás dos da frente também. E depois vem aqui pra eu ver se está bom.

Às vezes, eu mandava que voltasse até quatro vezes, e havia dias em que acabava indo junto pra ajudá-lo a escovar os dentes. Nesses dias, ele acabava sem alguma coisa de que gostava, como assistir à televisão depois da escola e coisas assim.

Até que se convenceu de que não adiantava achar desculpas, sentir-se injustiçado, mal-amado, mais castigado e cobrado do que os outros. Até porque a Fê tem 11 anos a mais do que ele e o Tid, 13, ou seja, já tinham passado dessa fase e com brilhantismo. O Tid, desde os 7 ou 8 anos de idade, nunca mais teve cárie. Então a briga era só com ele. Os outros eu nem precisava perguntar se tinham escovado os dentes.

Era óbvio que minhas atitudes deveriam ser diferentes, mas ele, na época, não conseguia entender isso. E se sentia menos amado e até mesmo rejeitado porque só o que ele fazia não era aceito, enquanto os outros dois irmãos não eram cobrados do mesmo jeito.

Esses são sentimentos perigosos que podem acabar gerando revolta, agressividade ou depressão, angústia e baixa autoestima, pois são fruto de uma interpretação mentirosa que acaba por abrir caminho pra pensamentos e reações destruidoras.

Ao perceber qualquer traço de tais sentimentos, eu explicava que o cobrava daquela forma porque queria que tivesse os dentes fortes, e também estava buscando protegê-lo de dores futuras. Até porque dor de dente e aqueles motorezinhos de dentista, ninguém merece...

Parta de verdades inabaláveis

Antes de se apavorar com as situações que se apresentam em seu dia a dia ou mesmo de interpretá-las segundo o que aparentam ser — e não segundo o propósito que Deus tem pra cada um de nós por meio delas —, procure ter como ponto de partida, como referencial, algo que seja uma verdade inabalável e inquestionável. Como, por exemplo, meu amor de mãe pelo Gabriel.

O propósito de minhas atitudes em relação a meu filho nunca foi o de humilhá-lo, fazê-lo sentir-se menos amado ou torturá-lo sem um motivo aparente. Ao contrário, queria ensiná-lo que não basta fazer algo que nos foi delegado; precisamos fazer de tal forma que sejamos reconhecidos por nosso trabalho e, por isso, somos gratificados e promovidos, que era o estágio que seus irmãos já haviam alcançado. Não precisavam mais ser cobrados, pois seus frutos há anos já podiam ser vistos. A cada seis meses, iam ao dentista: nenhuma cárie.

Por isso, não desista de si nem de seus sonhos ou de sua família. Busque a Deus e disponha-se a praticar sua verdade imutável pra vida. Mas faça isso com toda a sua força e disposição, ainda que, pra alcançar o resultado esperado, você precise fazer várias vezes, insistir, perseverar por um tempo, "dois tempos", sem ver mudança alguma. Só os que perseveram e não retrocedem, os que se dão mais uma chance (ou mais chances) vão alcançar seus sonhos, serão reconhecidos e desfrutarão o prazer e a honra que eles trazem.

Só os que se dão mais uma, duas, quantas chances forem necessárias, não abrindo mão de viver as promessas que Deus nos fez por meio de seu Filho, irão alcançar e viver o melhor dessa Terra. E isso em todas as áreas de sua vida.

Não abra mão de, em tudo, ser mais do que vitorioso. Muitas vezes, parece que não dá, mas dá. Tente de novo e, se precisar, tente mais uma vez até conseguir. Tenha como alvo vencer, sair do outro lado, não se deixar abater e nem mesmo ser dominado pelas situações sem antes ter esgotado todas as possibilidades e recursos.

Vale a pena dar mais uma chance a si mesmo e tentar, pelo menos, insistir mais uma vez.

Capítulo 4

Acusada, um, dois, três...

Você já brincou de pega-pega? Ou de pique-pega, sei lá, são tantos nomes pra mesma brincadeira... Esconde-esconde é outra. Funciona assim: uma das crianças fica em determinado lugar, que também é chamado "pique", virada pra parede com a cabeça apoiada nos braços cruzados contando até 100, enquanto as outras crianças se escondem. Ao terminar de contar, a criança sai em busca das outras, que precisam sair de seu esconderijo, chegar até o pique e, assim, se livrar de ser a próxima a ter de ficar contando e procurando. No entanto, se a que ficou contando achar alguma das outras, chegar ao pique antes e gritar: "Acusada, um, dois, três", ficará livre pra se esconder, e a que foi achada e acusada ocupará seu lugar.

Fiz essa pequena introdução pra falar sobre um momento em que me senti assim: acusada! Naquele momento da minha vida, eu tinha uma butique, ou seja, minhas tarefas eram comprar, arrumar, vender, ir ao banco e estar sempre arrumada. O que, traduzindo, significa: maquiada, com salto alto; cabelo e unhas feitos, tudo impecável. Afinal de contas, eu era a vitrine. Perdi as contas de quantas vezes colocava uma roupa, me aproximava da cliente na loja e ela falava: "Ah, eu quero uma igual à sua." E às vezes queria a minha mesmo, a que eu estava usando!

Mas essa não era a única atividade de minha vida. Casada, esposa, mãe de dois filhos na época, ambos em idade na qual eu precisava assinar o caderno de recados da professora todos os dias e acompanhar pra que fizessem a lição, também era a responsável pelas compras no supermercado e por manter a casa bem ordenada. Isso tudo sem falar no ministério como pastora, que envolvia cuidar das pessoas, preparar-me pra pregar, ensinar em cursos de formação bíblica e, com meu marido, cuidar da Igreja. Tudo isso era bem no início, quando não tínhamos pessoas pra nos ajudar.

Ou seja, cada mínimo segundo precisava ser muito bem administrado pra que tudo pudesse andar satisfatoriamente. Algumas coisas me ajudaram a dar conta de cada uma dessas funções com alegria, sem peso nem prejuízo de saúde. Um treinamento e tanto.

Talvez você esteja pensando aonde quero chegar com tudo isso. Quero chegar a uma das perguntas mais frequentes que recebo: "Como é que você consegue fazer tudo o que faz?" Ou a reclamação que mais ouço: "Simplesmente não aguento mais! Amo tudo o que tenho e faço, amo minha família, meu trabalho, minha igreja, meus estudos, mas simplesmente não consigo."

Pra entender como tudo isso funciona, quero falar sobre uma manhã na qual, ao despertar, comecei a chorar e minha vontade era a de não sair da cama. Mas por quê? O que aconteceu?

Sabe, escrevendo aqui este capítulo, gostaria de ver seu rosto e saber o que você deve estar imaginando que possa ter acontecido pra já começar o dia assim, ao som do chuveiro em que meu marido, já desperto, tomava banho com tudo o que você pode imaginar ligado bem alto: tevê, rádio, e ele ainda cantava — característica que, diga-se de passagem, amo nele, a ponto de apelidá-lo de "rouxinol". Mas não naquele dia!

Por que, então, eu estava chorando? TPM? Que nada. Nunca tive sequer cólica menstrual; só senti isso uma vez quando, menstruada, andei a cavalo o dia inteiro debaixo de um sol paranaense escaldante. No mais, nunca tive problemas.

Então o que seria? O tal transtorno bipolar? E você acha que isso existia há vinte anos? Sem contar que já fazia algum tempo que era uma pessoa de bem com a vida. Nada a ver. O problema é que acordei assolada pelo seguinte pensamento: "Pra que você vai levantar se não vai dar conta mesmo de fazer tudo o que tem de fazer hoje?" Digamos que foi um ataque da "velha criatura" — um termo que quer dizer mais ou menos o retorno de sentimentos e pensamentos já superados e vencidos.

Sempre que você abre sua agenda, aparece aquela voz interna, cheia de acusações que não param? O monte de pendências que você vem arrastando por muito tempo? Vai ser outro dia em que vai correr, correr e, por fim, se frustrar por não ter dado conta de fazer tudo, sem falar no que está pendente antes nesta agenda, por sinal absurda, que tem de ser cumprida todos os dias.

Eu sei — aliás, estou cansada de saber — que chorar não adianta. E chorar sem plateia, pior ainda. Porque meu marido estava a plenos pulmões cantando no chuveiro, e também com rádio e tevê ligados. Aí é que não ia escutar mesmo. Apelei, comecei a chorar e a orar, falando ao Senhor: "Hoje não quero levantar. Estou cansada. E me sinto sobrecarregada, impotente e, o pior, incompetente. Ai, hoje não. Vou cobrir minha cabeça e fazer de conta que o dia não amanheceu." E olha que nunca dormi de cabeça coberta, pois me dá aflição.

E continuou a choradeira com o tempo passando. Criança pra acordar, arrumar, deixar na escola; lanche, roupa do marido pra separar; eu mesma pra me arrumar. Ai! Não sei se você percebeu que em minha *oração* não pedi ajuda, não pedi sabedoria pra lidar com tudo isso sem sentir-me acusada, impotente, incapaz.

Aliás, será que aquilo pode ser chamado de "oração"? Será que aquilo foi falar com Deus? Eu me sentia a pior das mães, esposa, serva de Deus, dona de casa, profissional. A pior em tudo. A que fazia tudo, mas nada realmente com a excelência que deveria ser feito, sempre com uma pendência ou algum detalhe faltando.

Na cabeça, um turbilhão de pensamentos: "Fala que você está mal, com dor, inventa uma. Afinal, você nunca tem nada. Fala isso e pronto. Vai ficar hoje na cama." Por outro lado, lembra o treinamento que tive? Por isso, havia outra voz que dizia: "Olha, o pai da mentira é o diabo, sabia? Depois, seu marido não merece isso. Nem que seja uma mentirinha pequenininha. E as crianças? Vão faltar na escola? E no trabalho? Vai mentir também?"

Tudo isso e muito mais passa por nossa mente em frações de segundo, não é mesmo? Em menos de cinco minutos, chorando, comecei a ficar desesperada. E agora? Bem, chorar nunca resolveu problema. Aliás, só piora porque rouba a capacidade de raciocinar pra poder administrar a situação. Acaba consumindo nossas energias, deixando-nos pior ainda pra enfrentar tudo.

Em tempo de guerra, a gente não chora, luta. E depois, em dia de guerra, índio não se descabela, se pinta. Algumas coisas tenho comigo desde a minha formação, minha educação. Aprendi a colocá-las em prática e, creio, me ajudaram a sair de situações mais complexas do que aquela, quando o desespero vem pra dominar.

Aprenda a multiplicar seu tempo

Minha avó materna, com quem mais convivi, andava sempre muito bem penteada com seu cabelo castanho-claro, quase louro, penteado de tal forma a fazer um lindo topete na frente. Isso realçava uma larga mecha de cabelos brancos, algo que não existia no restante do cabelo. Pra mim, a única parte de seus cabelos que eram brancos era aquela mecha, e eu achava um charme.

Minha querida avó Amélia, que não foi a inspiradora da música *Saudades de Amélia*, mas poderia, porque era extremamente limpa, cozinheira de mão cheia, mantinha também sua casa pra lá de arrumada, o que não a impedia de ter suas unhas sempre em ordem e sua maquiagem básica também: lápis para olhos, pó de arroz no rosto e batom clarinho, em tons de rosa.

Meus avós e meus tios ainda solteiros moraram por algum tempo ao lado da casa de meus pais, depois se mudaram pra casa própria, porém sempre moraram perto nessa fase em que eu era criança. Foi ela, a avó Amélia, que me ensinou a fazer, no mínimo, duas coisas ao mesmo tempo, pois sempre dizia: " Menina, enquanto descansamos, carregamos pedras." O que, na prática, queria dizer: "Enquanto você assiste à televisão, está aqui esta lata (porta-mantimentos) de arroz (ou de feijão, lentilha, grão-de-bico), pra ir separando e limpando." Quando não eram verduras pra separar as folhas dos talos, os quais ela reaproveitava pra fazer sopas deliciosas.

Uma coisa eu sei: ninguém ficava desocupado. Ninguém, digo, as mulheres. Porque dentro da cultura árabe, na época (minha avó era filha de libaneses), homem era pra ser servido. O que parecia uma sobrecarga pra uma criança de 5, 6 anos, acabou sendo um grande treinamento pro futuro dentro dos planos de Deus pra minha vida.

Invista tempo se organizando para não gastá-lo procurando

Outra coisa que ajudou muito a me organizar nas várias funções foi, com todas as letras: detesto procurar coisas. Aquela agulha pra uma roupa que descosturou, a blusa que precisava pra compor um traje, o botão que veio a mais e na hora em que se precisa e sabe-se lá onde pode estar. Sabe essas coisas de que você precisa quando está atrasada ou com o tempo contado, e parece que acontecem só pra aumentar o nervosismo? Você sabe que elas existem, mas só uma "revelação divina" pra saber onde estão. E, pra piorar, é exatamente aquilo que seu marido pediu.

Por isso, prefiro perder tempo arrumando, separando as roupas por cores, tamanho de manga; colocando miudezas em caixas e etiquetando; colocando papéis e documentos em pastas. Enfim, melhor gastar tempo guardando do que procurando.

Não confie apenas em sua memória

Outro segredo que me ajuda a administrar tudo sem esquecer nada é não confiar só em minha memória. Ter uma agenda; delegar e gerenciar, explicar pra depois cobrar.

Busque conselho logo de manhã

Há um texto na Bíblia que fala sobre os vários nomes que definem e caracterizam Jesus Cristo, e um deles é Conselheiro, aquela pessoa que você enxerga como mais sábia e experiente que você. É também aquela pessoa em quem você confia pra abrir sua vida por entender que é alvo de seu amor, por isso não vai expor você e ainda vai orientá-lo a tomar a decisão certa. Isso quando ela mesma não se coloca pra resolver situações em seu lugar.

Por isso, começo sempre meu dia regido por um período de oração matinal em que busco a sabedoria de Deus. Peço que me aconselhe, me dê a orientação sobre como organizar meu dia pra priorizar e me concentrar no que realmente é importante, sem me perder em detalhes desnecessários ou em conversações que não levam a nada. Coisas que, se você permitir, ainda roubam sua paz e seu tempo. Verdadeiros atrasos de vida. Mas só adquiri isso depois daquela experiência que contei, de não querer nem mesmo levantar da cama de tanta coisa que tinha pra fazer.

É preciso tomar cuidado com o que não aguenta desaforo

Não posso deixar de citar aqui a contribuição de meu pai, de origem mineira, que sempre tinha uma "historinha" pra ilustrar, ou um ditado popular. Um dos ditados que ele mais citava pra gente era: "Dinheiro não aguenta desaforo. Se você gastar sem pensar, depois não adianta reclamar."

Com a minha maturidade, acrescentei a esse ditado outra parte. Ficou assim: "Tome cuidado como usa e emprega seu tempo e dinheiro. Eles não aguentam desaforo."

Acho que já deu pra ter uma visão de como fui criada e treinada nessa área. Só faltou mesmo contar que, somado a tudo isso, tive como exemplo minha mãe, que sempre foi uma mulher disposta, guerreira, trabalhadora com todas as suas forças, e quase sempre acima delas, por sofrer de bronquite asmática, o que não a impedia de lutar por sua casa e sua família, trabalhando incessantemente. Além de também orar, clamar e louvar a Deus sem cessar.

Quer saber como terminou a história? Em meio ao desespero, misturado à frustração, uma voz doce e suave ecoou em meu interior, dizendo: "Quem disse que meu olhar ou minhas palavras a você a cada manhã são de acusação e cobrança? Quem disse que espero que você faça tudo que está em sua agenda? Aliás, grande parte das coisas que você relacionou são mais preciosismo seu do que necessidade. Sonia, minha voz pra você a cada manhã é: *Não temas, porque estou contigo; não se assombre, porque sou o seu Deus; eu a fortaleço e ajudo, sustenta-a com minha mão*. Não precisa ficar assim. Eu, o seu Deus, estou com você. E vou ajudá-la. Pode contar comigo."

Como eu amo essa voz dentro de mim. Como me esclarece, me ilumina. Muitas vezes somos muito exigentes e até mesmo cruéis conosco. É o perfeccionismo, que está muito distante da excelência. O perfeccionista é escravo, só se permite o direito de trabalhar, de se preocupar, nunca de se alegrar; sempre está faltando alguma coisa. Poderia ser melhor, não saiu exatamente como ele queria.

Enquanto isso, aquele que busca a excelência não se perde em detalhes, mas tem a visão do que é necessário, do que pode ser inovador, mais eficaz, mais produtivo, mais criativo e abrangente. De tal forma que tudo fique atendido em seus detalhes, preenchido e ainda seja funcional. Diferente e simplesmente excelente.

O que busca a excelência se autoestimula; o perfeccionista se autodestrói, pois tem um cobrador e acusador interno que não permitem que se alegre com aquilo que faz, com o que realiza nem com o que tem. Tudo tem defeito, ou poderia ser melhor; a felicidade sempre está ao lado ou dois passos à frente. Ele não consegue enxergar como é bom o que ele tem e muito menos se alegrar com o que conquistou.

Acaba sendo prisioneiro de si e dono de uma exigência esmagadora pra com os que o cercam. Tudo tem defeito. Nada está bom. Isso quando não é daqueles que fazem brincadeiras de mau gosto em cima de deficiências dos outros, ridicularizando e expondo-os a uma situação constrangedora, transformando o outro num "bobo da corte", com todo mundo zombando e dando risada.

Assim como há graus em cada enfermidade, um pequeno machucado ou uma ferida pode avançar e se alastrar, comprometendo até mesmo partes do corpo, também a excelência tem sua graduação, tal qual o perfeccionismo. Graças a Deus, o meu caso não estava em grau avançado. Quando somos dirigidos por ele, também temos dentro de nós a liberdade de assumir nossas limitações e pedir ajuda. Liberdade de falar: "Desculpe, não consegui, mas estou me esforçando e vou fazer." Liberdade de se alegrar com o que fez, com o que conquistou. Enfim, liberdade de passar pelas piores situações sem se sentir acusado e também de alcançar e desfrutar do melhor da Terra sem se sentir culpado. Sabia que um dos nomes do príncipe de todos os espíritos maus é Acusador? A exortação constrói, enquanto a acusação destrói.

Por fim, acabei levantando disposta, alegre, já na correria saudável de meu dia a dia, louvando a Deus por seu amor e cuidado comigo. Vencidas as primeiras horas da manhã com todos os seus afazeres, tirei um tempinho pra orar sobre a minha agenda. Pedi sabedoria e entendimento pra discernir o que realmente era necessário ser feito, o que poderia delegar, o que poderia até mesmo riscar, por ser dispensável. Coisas que só estavam lá pra me trazer peso e ainda me roubar tempo e energia.

Peça e será dado — tenha como base as verdades inabaláveis

Você sabia que, quando nos falta sabedoria pra coordenar, realizar, enfrentar, vencer sejam quais forem as situações mais simples até as mais complexas, devemos pedir a Deus, que ele nos provê? Pra que realmente não nos esqueçamos disso, esse direito de provisão está registrado na Bíblia: se algum de nós precisar de sabedoria, é só pedir que ele dará sem exigir nada em troca. Há uma diferença muito grande entre ler, saber o que está escrito na Bíblia, e praticar.

A Bíblia é a verdade que, por séculos, tem se mantido sem alterações. Seja você da religião que for, precisa ter sua vida fundamentada em verdades inabaláveis, que aguentem todo tipo de situação sem se alterar. Eu encontrei isso na Bíblia. Interajo com ela. Acusada? Nem pensar! De bem com a vida. E ainda grata por ter tantas coisas pra fazer. Coisas que dão sentido e valor à minha vida e ainda abençoam e edificam a vida de muitos.

Se você está debaixo do peso esmagador da acusação, busque libertação por meio da oração ou indo a um lugar onde a Palavra esteja sendo pregada a fim de se sentir melhor, renovada, esclarecida, mesmo que por meio de uma exortação de Deus que venha corrigir a rota de seus pensamentos, atitudes, reações, conclusões. Enfim, de toda a sua vida. Não se deixe esmagar pela acusação, ainda que sua situação seja bem diferente e você tenha atitudes que realmente provocam a culpa. Não se conforme e nem se acomode com essa condição. Peça sabedoria e ouça a doce voz que fala dentro de você.

No dia em que se dispuser a ouvir, vai sair da enrascada, por mais complicada que for, e vai entrar numa dimensão onde será alimentada com a verdade, ganhando, assim, condições pra superar e viver um novo tempo, agora guiado pela verdade, que é Deus. Viver debaixo de acusação e cobranças esmagadoras? *Tá* maluco? Pra liberdade é que fomos chamados. Pra liberdade é que fomos formados. Não se deixe paralisar e nem se sentir acusada — busque o Conselheiro e receba a sabedoria e a luz pra viver de bem com a vida sempre!

Capítulo 5

Na minha opinião...

Quem já não "quebrou a cara" por estar mais preocupado com o que os outros vão falar ou em agradar as pessoas? Também não é com qualquer "outro" que a gente se preocupa, não é mesmo?

Descobri que nos deixamos influenciar por opiniões de pessoas que amamos ou então admiramos, aquelas que ainda exercem certo fascínio sobre nós por serem detentoras de algo especial, algo que achamos que elas têm e que nós não temos. Além dos casos em que, de repente, nos achamos envolvidos, mesmo sem querer. Ou, pior que isso, alguns em que acabamos dominados e dependentes da aprovação da tal pessoa, como se tudo que fizéssemos somente tivesse valor se aprovado por ela, como se assumisse as rédeas de nossa vida a ponto de até se achar no direito de controlar nossos pensamentos.

Esse tipo de gente chamamos em casa de "aranha negra", porque nos envolve com suas teias, seus abusos e suas manipulações "em nome do amor", pondo fim a tudo o que nos traz vida. Chega a assumir o papel de um *deus* em nossa vida. Só de falar um pouquinho do que fazem tais pessoas me dá arrepios! Elas têm alto poder de destruição, mas suas vítimas não percebem isso. Estão completamente enfeitiçadas. Só o poder do sangue de Jesus pra libertá-las.

Essa situação aconteceu comigo de forma muito sutil. Sinceramente, não dava pra desconfiar realmente quais eram os verdadeiros propósitos daquela pessoa. E posso hoje dizer que eram malignos porque vinham pra me afastar da minha missão na vida (e não altera em nada o fato de você acreditar ou não nesses seres). Esses inimigos, quando chegam pra nos assediar por intermédio de pessoas e situações, com o propósito primeiro de nos afastar de Deus e depois de roubar, matar e destruir, não chegam e falam assim:

— Muito prazer, eu sou o *coisa-ruim*, e estou aqui disfarçado desta situação ou pessoa. Vim pra matar, roubar e destruir!

E você, diante disso, responde:

— Pois não, quer começar por onde? Pela vida financeira, saúde, família, vida espiritual...

Não, longe disso. Ele é enganador, sedutor e se aproveita de pequenas brechas que abrimos, muitas vezes sem perceber, pra entrar e assumir o comando de nossa vida. Sabe de uma coisa que aprendi ao longo de minha vida?

Só um pouquinho faz muito mal, porque deixa gosto de quero mais.

Perdendo tempo no shopping das boas intenções

A situação em questão aconteceu quando eu finalmente entendi que meu tempo agora era de viver o chamado de Deus pra minha vida. Ser uma pastora. Cuidar dos filhos dele e dos interesses dele. Não foi muito fácil assumir essa missão, mas o fiz em tempo integral e com toda força e empenho.

Aliás, é uma das minhas características: em tudo o que vem às minhas mãos pra fazer, dou o melhor de mim, apaixonadamente. Entrego-me por completo, procurando a alegria da realização, o prazer da conquista, o sabor que preenche e satisfaz vindo da superação, a busca da excelência em tudo que se faz. Procuro trabalhar como se estivesse fazendo tudo pra Deus. Isso também é fruto de algumas verdades que deixaram de ser só da Bíblia e passaram a ser minhas também, como:

> Tudo quanto te vier à mão para fazer, faze-o conforme as tuas forças, porque no além, para onde tu vais, não há obra, nem projetos, nem conhecimento, nem sabedoria alguma.
>
> **Eclesiastes 9:10**

> Aproveitai as oportunidades.
>
> **Colossenses 4:5b**

> Fazei tudo sem murmurações nem contendas.
>
> **Filipenses 2:14**

> Tudo quanto fizerdes, fazei-o de todo o coração como para o Senhor e não para homens, cientes de que recebereis do Senhor a recompensa da herança.
>
> **Colossenses 3:23,24a**

Estava eu trabalhando a todo vapor, cuidando de casa, dos filhos, do marido; trabalhando na igreja, pregando, visitando, dando aconselhamento, dirigindo e ensaiando o coral; ministrando estudos bíblicos, acompanhando e discipulando os doze que moravam em casa vindos das drogas, mergulhada e feliz com tudo o que tinha sido colocado em minhas mãos pra realizar, quando chegou em nossa igreja uma pessoa intelectualmente diferenciada, embora arrebentada no casamento, na vida familiar; atormentada por vozes; vida financeira complicadíssima; enfim, um quadro crítico.

Acompanhá-la e ajudá-la foi maravilhoso. Foi lindo ver como Deus agia em sua vida e na de sua família, o que nos aproximou muito, pois nesse processo descobri também uma pessoa querida, especial, e que, como eu, também gostava de gente. Depois de algum tempo, a proximidade acabou se tornando também amizade a ponto de compartilharmos o amor que temos pelo chamado de Deus em nossa vida, o que a fez se mobilizar pra nos ajudar com os outros, mesmo ainda estando num processo de conhecimento e crescimento em Jesus.

Certo dia, cheia de todas as suas filosofias e conhecimentos, me vendo cansada, pois era um período em que tudo e todos precisavam de muita atenção e doação pessoal, e eu ainda não estava tão treinada e habilitada como hoje, ela se virou pra mim e disse: "Sabe, acho que você está exagerando. Precisa pensar mais em você. Precisa ter um tempo só seu, pra se cuidar, passear, ver uma vitrine, fazer coisas que só digam respeito a você."

A primeira vez que ouvi isso, achei ridículo, afinal estava feliz, fazendo tudo o que amava e em que acreditava. Além disso, realmente não sentia falta de nada daquilo. Conhecendo-a, sabia que tudo isso pra ela era importante: a marca, o rótulo. Mas para mim? Fui criada no meio de confecção de roupas, butique, comércio, e sabia muito bem como lidar com isso, independentemente de grifes e marcas.

Sem dar importância, mas sentindo-me agasalhada por sua preocupação com minha saúde e com minha pessoa, acabei não contra-argumentando. Ao contrário, acabei permitindo, de certa forma, que ela seguisse preocupada em me ver muitas vezes cansada e até abatida, o que a fazia insistir na mesma história: a de que eu deveria cuidar mais de mim, pensar mais em mim, que estava me deixando *sugar* por tudo o que estava em minha volta. Nossa! Um lero-lero infindável que, preciso admitir, me fazia bem. E aí estava a brecha que mencionei há pouco.

Bem, se você for mulher e estiver lendo este capítulo, tenho certeza absoluta de que já entendeu o que eu quis dizer; se for homem, e principalmente daqueles bem machões, por favor, não desista. Vou tentar ser mais clara.

Sem perceber, me deixei envolver por seus cuidados, seu carinho. Agora começava a parar mais pra escutar seus argumentos cheios de preocupação com meu "bem-estar". Hoje entendo que, na verdade, eu me sentia carente de alguém além do meu marido, pois ele também estava ocupado com tudo, seu trabalho, a igreja, a casa, os doze que lá moravam. Fora sua família e ainda seu pai, que estava passando por sérios problemas de saúde, algo muito complicado e emocionalmente desgastante pra todos nós que o amávamos.

Era um momento no qual precisava aliviar bastante meu marido e procurar resolver e desenvolver de forma eficiente o que estava sob minha responsabilidade, contando com o Espírito Santo, porque os demais ao meu redor não tinham maturidade nem condições pra dividir o peso comigo, mesmo sendo tudo muito, muito gratificante.

Por fim, me deixei envolver e convencer de que realmente precisava ter um tempo pra cuidar só de mim. Que talvez estivesse exagerando etc. Tudo acontece de forma tão natural. Quando você percebe, aquilo que dava prazer começa a virar um peso, você começa a ter dificuldades pra desenvolver o que antes era muito fácil fazer. Sua disposição interior muda.

A tal opinião vai tomando conta de seus pensamentos e sentimentos, até mesmo de suas motivações e disposição pra realizar as coisas, a ponto de se ver desejando-a ardentemente, como se viver a tal "opinião do outro" fosse a única solução de sua vida. E como aquilo agrada, como faz bem pro ego! "Afinal, alguém que olha e reconhece tudo o que faço e se preocupa comigo." Não que os outros não o fizessem, mas muitas vezes não expressavam, ou então deixamos de enxergar que estão verdadeiramente cuidando da gente, e não apenas dando opinião, como era o caso. Sem falar que é opinião que vem pra nos afastar de tudo o que nos dá mais prazer e alegria na vida.

Acabei por me deixar convencer, ser levada a uma direção que não necessitava e nem queria, mas que agora achava que era o melhor pra mim. Também fui movida pelo desejo de agradá-la, satisfazer sua vontade, o que, na ocasião, poderia afirmar com toda força: era a minha vontade. Além do mais, parecia que ela estava realmente correta em suas posições. Afinal de contas, eu estava realmente cansada. E depois, ela me fazia bem, era bom tê-la ao lado. Isso me trazia segurança. Mas que segurança? A de ser admirada, bajulada, mimada. Isso tudo é bom, pode acreditar, mas só se vier de uma fonte limpa e confiável porque, do contrário, é um grande laço do inferno pra sua vida.

Numa quarta-feira, acordei e resolvi que aquele dia seria só meu e que cuidaria só de mim. Quarta era o dia em que pregava à tarde e depois havia um chá com as mulheres, pois era culto feminino, e a distribuição de cestas básicas com cadastramento de famílias na Assistência Social. Liguei pra uma pessoa da igreja, pedi que ela fosse em meu lugar e lá fui eu tirar um dia pra pensar e cuidar só de mim. Advinha pra quem liguei logo pela manhã, depois de ter conseguido o aval de meu marido?

Pra ela, é claro! Que, ao saber, ficou esfuziante. Fui ao cabeleireiro, o que fazia somente de quarenta em quarenta dias, mais ou menos, pra cortar o cabelo, pois a moda me era favorável: cabelo crespo, daqueles que a gente penteia com uma escova que parece um garfo. E o meu era lindo, comprido, vinha até o meio de minhas costas, necessitando só acertar o corte e tirar as pontas de vez em quando.

Fiz mão, pé, sobrancelha, o que em casa eu mesma fazia, e depois, bem na hora do culto, fui pro *shopping* e fiquei lá rodando, rodando, subindo e descendo de escada rolante, parando em cada vitrine, entrando numa loja, e perguntando alguma coisa em outra. Nada! Não estava com fome, por isso, o máximo que consegui, foi parar e tomar um café, que por sinal, caiu como uma bomba em meu estômago, ameaçando uma azia. Bela coisa tinha arrumado pra mim...

Quanto às vitrines, olhava, olhava, via coisas interessantes; outras diferentes, bonitas. Mas, na real, não estava precisando de nada. Frustrada e atordoada, me senti ridícula. Aquilo me colocou em crise, pois não entendia o que estava fazendo ali. Saí do *shopping* em direção ao estacionamento, me perguntando: "O que você está fazendo aqui, Sonia? Será que dá pra explicar?"

Olhei pro relógio. Naquela hora, lá na igreja, deviam estar começando a ler a Palavra. E eu lá, sem palavras. Sem comentários. Entediada, decepcionada comigo, comecei a orar e pedir perdão a Deus por ter me deixado levar pela opinião de uma pessoa querida, bem intencionada. Só que, como diz o ditado, "de boas intenções, o inferno *tá* cheio!"

Como é que eu não tinha percebido? Que papel ridículo estava fazendo ali! Como é que pude me deixar levar por uma pessoa que ainda estava aprendendo a viver de bem com a vida? Como ela poderia saber do que eu precisava ou o que era melhor pra mim se ela, com todas as suas filosofias e intelectualidades, chegou destruída e arrebentada na igreja? Será que eu tinha perdido a noção do que é saudável e do que é fruto de enfermidade?

Senti-me culpada e cheia de ingratidão em relação a Deus. Até mesmo feita de trouxa. E ainda por cima, parecia ouvir um monte de pequenos demônios rindo da minha cara que nem aqueles *gremlins* do filme. Imaginava aquelas coisas tortinhas encurvadas, com caretas feias e uma risada bem fininha, com solucinhos, chacoalhando o corpo. "Que vergonha, Sonia, deixar-se levar por uma pessoa imatura, com uma visão da vida muito misturada, em processo de transformação. Ah, faça-me um favor. Só um cego não enxergaria. E cego da alma, o que é pior."

Sua intenção foi boa, só que sua opinião sobre minha vida estava baseada no que pra ela era o melhor, literalmente isso. Para ela, seria melhor se eu não estivesse tão feliz e equilibrada em meu casamento, em minha casa, com meus filhos, comigo, com a obra de Deus. Sem contar a feira, o supermercado, outras coisas de mulher e mãe, incluindo visitas ao pediatra, ao ginecologista e ao dentista.

É verdade! O que ela queria, e viu uma oportunidade de falar ao me encontrar no fim de algum dia em que eu realmente estava cansada, é que eu não estivesse tão bem e feliz com tudo o que tinha e fazia, sem crises. Pelo contrário, realizada e desafiada a ser melhor. Aquele era o propósito encoberto pelo cuidado e pela preocupação dela. E acho mesmo que essa pessoa nem tinha total consciência disso.

O objetivo era fazer com que eu mudasse a minha maneira de viver, e assim ela não precisaria se abrir pra rever suas verdades e mudar. Ou encontrar em Jesus sua alegria e sua realização, passando a ter domínio sobre a necessidade de estar sempre na última moda, com o último lançamento em cosméticos, acessórios, roupa, sapato etc., de forma exagerada e compulsiva. Algo que afetava inclusive a relação com seu marido e, como consequência, trazia desequilíbrio familiar e financeiro.

Quando estava realmente me sentindo muito mal, decepcionada comigo e já orando com os olhos cheios de lágrimas, confessei minha imaturidade, meu erro, pedindo não só perdão, mas também mais sabedoria. De uma forma carinhosa, e que tanto amo, ele falou ao meu coração, ensinando-me e consolando-me com uma história, um exemplo, algo que chamo "parábolas dos dias de hoje". Mais ou menos assim:

— Sonia, você sabe que tem gente que não vê a hora de entrar em férias pra colocar uma mochila nas costas e sair pra escalar altas montanhas, não é mesmo?

— Sei — respondi.

— Não é o seu caso, é?

— Nem pensar — respondi prontamente. — Só faria isso se fosse caso de vida ou morte.

— Pois é — continuou falando com sua voz inconfundível, que nos preenche, consola, conforta, dirige —, muitas vezes acabamos nos deixando levar pelas propagandas enganosas, arranjando problemas e confusões onde não existiam porque fomos atrás da opinião dos outros. Daquilo que eles acham ser bom, mesmo que cause dor e seja um risco de morte.

Não siga as opiniões oportunistas

Há alguns versículos na Bíblia que têm, pra mim, som de sirene de ambulância, ou seja: "Presta atenção que isso é urgente!" Um deles é 1Coríntios 10:12: "Aquele, pois, que pensa estar em pé, veja que não caia."

Em especial, quando ele fala em "pensar". Às vezes "pensamos" que estamos no controle da situação, mas, na realidade, estamos sendo manipulados. Graças a Deus, a consequência pra mim foi pequena, administrável, mas geralmente é drástica porque nem todos enxergam logo de cara que estão fazendo papel ridículo, ou que estão sendo, de maneira muito sutil, manipulados.

E quando são questionados sobre isso, levantam-se ofendidos e até mesmo cheios de agressividade, acusando-nos de estar com inveja, ciúme, que não tem nada a ver, que a pessoa é maravilhosa. Algumas vezes, isso custa a própria amizade e o convívio pra quem tenta alertar. Ele é que se torna o vilão, o culpado de todos os dissabores. Quando ainda não é encarado como explorador ou coisa pior, sendo que sempre procurou fazer o bem, ajudando e amando com sinceridade, não com bajulação e manipulação de carências.

Não permita que "opiniões de outros", ainda que sejam pessoas bem intencionadas, interfiram no curso de sua vida.

Opiniões encontram lugar em nossa vida penetrando em nossas carências ou fragilidades. Eu diria que são oportunistas. Elas vêm pra "resolver" uma situação, porém por caminhos completamente dissociados da gente, do que gostamos, de nossa missão na Terra e, sobretudo, de Deus. São conselhos de ímpios.

Opiniões de pessoas que não estão nada preocupadas com seu bem-estar; estão mais preocupadas em manter você cativo de suas vontades e, assim, tirar proveito. Opiniões levianas que não levam em conta as consequências que podem acarretar, e muito menos se comprometem em ajudar, caso você *quebre a cara*. Afinal, eles não têm nada a ver com isso. Você fez porque quis.

Sem contar aquelas opiniões que têm como objetivo, descarada e assumidamente, acabar com você. Pessoas dissimuladas, agentes ativos de espíritos maus que se acercam, roubam o coração e destroem famílias, carreiras e ministérios porque se tornam o *deus*, o centro das atenções. Quando contrariadas, chantageiam emocionalmente sem escrúpulo algum.

Ainda bem que o prejuízo para mim foi pequeno. Mas a lição foi grande. Hoje em dia, após tantos anos de ministério, posso dizer, citando inúmeros exemplos em todas as áreas, que já vi pessoas inclusive perdendo a vida por não considerarem o que diz o Salmo número 1 ou até por desconhecê-lo. Em seu primeiro versículo ele diz assim: "Bem-aventurado o homem que não anda no conselho dos ímpios." Ímpio é uma pessoa que não tem conhecimento de Deus ou que não tem nele o alicerce de sua vida. Aqueles que buscam seus interesses e prazeres em primeiro lugar, que acham todas essas coisas espirituais, no mínimo, perda de tempo, quando não se desbocam em julgamentos, críticas, acusações e até blasfêmias, fazendo de si seus deuses.

Às vezes, são até bem intencionados, mas, como têm valores distorcidos, estão pouco preocupados com seu bem-estar e sua felicidade. Seus conselhos são de morte, suas opiniões vêm pra destruir o que Deus está construindo em sua vida, roubar sua ligação com ele, desviar sua atenção daquele que pode dar vida em abundância e, por consequência, fazer com que você seja a pessoa mais feliz da Terra. Uma pessoa de bem com a vida!

Opinião dos outros? Espere aí, deixe-me ver. Vai ajudar ou atrapalhar? Está construindo ou dividindo? Está agregando ou separando; promovendo briga, confusão? Combina com a Palavra de Deus ou o mundo mudou muito e as coisas agora são diferentes?

Um bom indicador pra saber que tipo de opinião é essa que você está recebendo é perguntar: "Será que é isso mesmo que Deus espera que eu faça nesta situação?"

Capítulo 6

"Tem certeza de que sou eu?"

A tendência de grande parte das pessoas é achar que as coisas já nascem prontas. Há até um ditado que afirma: "Quem é, já nasce feito." Será? Pelo menos, não foi assim que aconteceu comigo.

Durante minha existência, desde minha infância, vejo um trabalho do Senhor em minha vida, construindo a pessoa que ele planejou que eu fosse, e posso dizer que, pelo menos no meu caso, sempre foi muito doloroso.

Algumas vezes, me peguei perguntando:

— Tem certeza de que sou eu mesma que tem de passar por isso ou que sou eu que o Senhor quer que vença este desafio, esta loucura?

Sabe qual foi a eterna resposta do Senhor pra mim?

— Tenho! É você mesma!

Nasci num lar evangélico, meus pais se conheceram num seminário presbiteriano que se chamava José Manuel da Conceição, por isso fui criada a vida inteira numa igreja. A princípio presbiteriana, depois me tornei pentecostal por causa de um acidente que sofri e me custou alguns meses de cama. Um menor de idade, dirigindo um carro popular, perdeu o controle da direção e o carro, desgovernado, atingiu em cheio a cabeça de uma senhora que já tinha descido da calçada pra atravessar a rua e terminou prensando minha perna direita contra a mureta de uma casa. Na parte de trás, minha perna ficou dividida em duas partes na panturrilha. Também tive um corte na altura do joelho que, na parte da frente, foi esmagado pelo para-choque do Fusca, e ainda tive toda a pele da frente de minha perna direita arrancada pelos pneus do carro, que pararam sobre ela.

Foi terrível. Quase três meses de cama, curativos que eram uma enorme tortura, pois cada vez que era necessário remover a gaze e as ataduras, também arrancavam a pele que estava se formando, deixando tudo em carne viva de novo. Como se não bastasse ter de reaprender a andar, o impacto da batida ainda desencadeou uma miopia que começou com 1,5 grau e que seguiu aumentando. E foi o que aconteceu comigo, de fato.

O acidente aconteceu em fins de novembro, começo de dezembro, já não me lembro ao certo, só sei que já estava de férias da escola e voltava do clube pra estudar piano em casa, pois ainda havia o exame final pra enfrentar. Fiquei até fevereiro de cama.

Minha mãe ajudava muito uma igreja pentecostal que ficava perto de casa. Dava pra ir a pé, e todos fizeram visitas constantes na época pra orar por mim. Acabamos nos afeiçoando mais ainda a eles. Pela dificuldade de irmos a nossa igreja, fomos nos acomodando por ali mesmo. Por isso, disse no início que fui criada em igreja presbiteriana, mas depois dos 10 anos de idade, passei a frequentar a pentecostal, onde, por sinal, conheci meu marido.

Acabaram-se as férias e começou o período de aulas. Se já enfrentava o que hoje se chama *bullying*, ou seja, atos de agressividade físicos ou morais/psicológicas antes, agora então ficaria ainda pior. Estudava num colégio que, na época, era considerado um dos melhores de São Paulo; por consequência, do Brasil: o Mackenzie. As crianças que estudavam lá faziam parte da classe social média-alta e muito alta. Moravam em Higienópolis, Pacaembu, Jardim Europa, Jardim América, Morumbi, os melhores bairros de São Paulo na época. E eu? No Jabaquara!

Deu muito trabalho pra que minha mãe conseguisse que uma das peruas da escola me levasse. Ela precisou pagar mais por isso, e éramos os primeiros a ser pegos e os últimos a ser deixados. Chegar de perua da escola, quando falamos em *status*, era péssimo, e naquelas condições, ainda pior. Mas ainda havia outros agravantes. Eu era gordinha, bem gordinha, cabelo crespo, o que na época era horrível, pois nos anos 1970 a moda era franja e cabelo bem liso. Crente, ou seja, sinônimo de E.T., mesmo num colégio dirigido pela Igreja Presbiteriana, carregava minha Bíblia, da qual não me separava, e agora, só pra ajudar um pouquinho mais, usava óculos.

Pra que você tenha uma ideia melhor de minha situação, vou resumir: gorda, a mais pobre em comparação com meus colegas (embora nossa família fosse de classe média), crente, cabelo crespo e agora usando óculos. Acho que não ficou nada de fora. Eu simplesmente agregava todos os ingredientes pra que ninguém me quisesse num grupo de amigos. A não ser que...

A não ser que fosse inteligente, estudiosa, passasse cola pra todo mundo e fosse aquela que apresentasse os trabalhos orais na frente da classe, representando o grupo, coisa que todo mundo tinha vergonha de fazer (se eles tinham, imagine eu), e ainda precisava tirar nota muito alta. De preferência um 10 pra continuar tendo amigas, sendo convidada pra estudar na casa delas, porque na minha, naquela lonjura toda, ninguém queria ir. Dava pra sobreviver de forma, digamos, razoável.

Isso me custou muitas noites de choro e aflição, quietinha, sem que ninguém percebesse, porque sabia o tamanho do sacrifício que minha mãe fazia pra nos manter naquele colégio. O que pra ela era um sonho, pra mim, muitas vezes, era um pesadelo.

Minha mãe trabalhava noite e dia pra nos manter e, quando chegava em casa, exausta, ainda tinha de lidar com sua bronquite asmática. Isso a obrigava a dormir muitas noites sentada no chão, apoiada na cama, de frente pra janela, depois de já ter passado pelo balão de oxigênio de um pequeno pronto-socorro que ficava no quarteirão que separava sua loja e confecção da rua de casa.

Meu pai, durante um bom período de sua vida, trabalhou em lugares em que precisava viajar muito, por isso sobrava mais pra ela que, com duas empregadas morando em casa, procurava nos suprir em tudo, do bom e do melhor. Com certeza, uma mulher admirável, guerreira e incansável. Sempre se superando. Sempre louvando e buscando a Deus em oração.

Diante desse quadro, há muito tempo vejo o trabalhar de Deus nas dificuldades, perseguições e discriminações, via de regra sem causa. É impressionante olhar pra trás e enxergar que aquilo que foi motivo de dor, de vergonha, de choro, na realidade estava sendo o instrumento de Deus pra me formar e treinar, pra que eu fosse quem sou hoje.

Sem sombra de dúvida, os caminhos de Deus são mais elevados que os nossos. A falta de condições, a necessidade, a humilhação, a vergonha, a discriminação, a maldade do ser humano nos cobrando coisas de que não temos culpa e nem escolhemos ser acabaram por gerar em mim a preletora, pastora, bispa que sou hoje, porque desde pequena só podia contar com Deus.

Isso foi maravilhoso, porque antes das apresentações de grupo, eu orava, chorava, contava todos os meus medos pra ele, o quanto me sentia insegura, o quanto aquilo era penoso e dolorido pra mim. Pedia que ele me ajudasse, que não ficasse nervosa e nem me desse um *branco*. Abria meu coração e contava quanto era fundamental tirar uma nota alta. Pedia que me ensinasse e me orientasse a estudar somente aquilo que iria cair na prova.

Inclusive, em cima de todo rascunho que usava pra estudar (porque sempre estudei escrevendo), colocava o texto de Filipenses: "Tudo posso naquele que me fortalece!" (4:13, NVI)

E sabe o que acontecia? Eu ia superbem. Tão bem que comecei a ser disputada. Todo mundo me queria no grupo. Dá pra imaginar isso? E assim foi que comecei a desenvolver meu relacionamento com Deus.

E tem mais: como não me separava da Bíblia, meus colegas de escola, em suas mansões, com seus mordomos, motoristas, mães que mais se pareciam com modelos, que iam buscá-los em seus carrões na escola, me pediam pra que falasse sobre a Bíblia, pois tinham curiosidade e me respeitavam.

Quando alguém se excedia em me ridicularizar, explorando alguma fragilidade minha, quase sempre outro se levantava e falava: "Cala boca, cara! Deixa ela em paz! A *mina* é gente fina!"

Assim passei minha primeira infância e início de adolescência, o que se chama hoje Ensino Fundamental. Sabe de uma coisa? Quando você é discriminado, acaba tendo de ser melhor que os outros pra ser respeitado. E essa não é uma conquista fácil. Além dos monstros externos que você tem de enfrentar, ainda há os internos. E nem sei quais são piores.

Tem certeza, Deus, de que sou eu e não outra pessoa?

Quantas vezes me peguei em meus limites, perguntando e chorando: "Mas, Deus, se eles, que são ricos, magros e têm tudo, sentem vergonha de apresentar o trabalho na frente da classe, que dirá eu? Tem certeza de que precisa ser deste jeito mesmo? Tem certeza de que sou eu?"

Sua resposta foi sempre afirmativa, o que era desolador, pois, na realidade, queria mesmo é que todo mundo mudasse pra que eu pudesse continuar como era, sem sofrer. Apesar de sempre me responder que tinha de encarar e que era eu mesma que tinha sido escolhida pra enfrentar e passar por tudo aquilo,

Deus tampouco deixava eu me sentir sozinha ou mandava que "me virasse", pois o problema era meu. Ao contrário, por intermédio do Espírito Santo, mesmo que eu não conseguisse discernir na época quem estava ao meu lado, sempre tive ajuda pra enxergar um caminho, uma porta pra sair daquela condição humilhante, vergonhosa, e desfrutar uma honra que ninguém mais na classe tinha, mesmo daquele jeito: gordinha, crente, carregando a Bíblia pra todo lugar, usando óculos, cabelo crespo e tudo o mais.

Como posso questionar ou sequer duvidar de que todas as coisas cooperam pro bem daqueles que amam a Deus, segundo os propósitos que ele tem pra cada um de nós? Como ele mesmo diz na mensagem pros que sofrem esse tipo de situação: "Em lugar da vossa vergonha, tereis dupla honra." Como posso questionar a Palavra de Deus, a Bíblia, como verdade absoluta, se desde pequena ela tem sido minha melhor amiga? A verdade em que me apoio e que dirige a minha vida, mesmo quando tem tudo pra dar errado ou quando falta tudo pra dar certo?

Como comecei a ter de me superar, vencer medos e barreiras interiores quando pequena, hoje desfruto de uma liberdade maravilhosa de ser quem sou. E posso me alegrar com isso, sem me deixar abalar com comentários e críticas, pois o que vale é quem sou de verdade diante de Deus.

Chegar a esse estágio é um treinamento dolorido. Passei depois pelas outras fases mais avançadas e cruéis. Posso dizer que algumas foram violentas e desumanas, mas o Senhor em quem confio e que me apoia me ajudou, me consolou, me renovou, me ensinou e capacitou, me deu força e ousadia pra enfrentar o impossível. E me encheu com o Santo Espírito, sempre colocando em meus lábios um cântico novo.

O resto? Os comentários? As críticas maldosas? Os julgamentos e as mentiras absurdas? As calúnias e difamações vindas até mesmo de pessoas que nada tinham e que ajudamos, literalmente alimentamos, colocamos em nossa casa, tratamos como verdadeiros filhos, demos o melhor que temos?

E as traições e injustiças, as discriminações e perseguições até hoje por ser bispa e, ao contrário da minha infância, por ser considerada, em geral, uma mulher bonita, inteligente, bem posicionada, de bom gosto e ainda serva de Deus? Os invejosos e invejosas se levantam, com toda sorte de mentiras, por não suportarem minha felicidade, força, alegria, fé, fidelidade à obra e ao povo que Deus colocou em nossas mãos, à minha família, ao meu marido, grande amor da minha vida. E, sobretudo, por não suportarem a bênção desse Deus maravilhoso, a quem sirvo de todo o meu coração e com todas as minhas forças, que sempre está dando testemunho de que sou sua eleita, profeta, a adoradora que ele ama e dá capacidade de sempre andar em vitória, ainda que seja passando pelo Vale da Sombra da Morte.

Bem, essa parte não é minha, essa parte é de Deus. A ele pertence a justiça. Isso soa pra mim assim: "Fique calma, não se abale, porque o papai vai cuidar disso pra você. Pode descansar." Por isso, há muito tempo, minha resposta tem sido: seguir a lição de ficar em pé e continuar a ser quem sou e fazer a obra que Deus me deu como missão de vida.

Por incrível que pareça, Deus, segundo seus propósitos pra nossa vida, faz com que tudo, mas tudo mesmo, até as piores situações, dores, perdas e traições, cooperem pro bem daqueles que o amam.

Só tenho muito a agradecer. Hoje posso afirmar, com toda força e autoridade, que aprendi a estar bem em toda e qualquer situação.

Tudo posso naquele que me fortalece

O diferente, seja uma diferença de cor, de religião ou o que for, sofre discriminação, preconceito, agressões verbais, morais e, às vezes, até mesmo físicas.

É uma coisa muito estranha: ao mesmo tempo em que as pessoas buscam exclusividade, têm dificuldade pra conviver com aquele que sai dos padrões ditados pela moda ou pelo certo e errado. E isso muda de geração pra geração. O que era absurdamente errado no tempo de minha avó, por exemplo, hoje em dia chega quase a ser um escândalo não praticar. Este é o ser humano, com suas verdades e mentiras. Por isso, nossa vida precisa estar alicerçada em verdades imutáveis, pois só assim conseguiremos estar de bem com a vida em toda e qualquer situação.

Pra quem é diferente ou está vivendo uma fase diferente, que o deixa exposto à crueldade humana (algo que chega ao ponto de ter requintes malignos, pois nem animais fazem isso), só há um caminho: manter-se tranquilo em Jesus, a verdade que não muda, a humanização da Bíblia, a Palavra de Deus. Só ele pode dar graça e sabedoria pra que você supere não só as dificuldades e barreiras externas, como também as internas, e viver essa verdade — a da maldição sendo transformada em bênção.

Por mais difícil e doloroso que seja, vai valer a pena não desistir de si mesmo, ao contrário: invista em sua relação com Deus pra que ele ensine você a se sentir bem, primeiro consigo, e depois, em toda e qualquer situação, revelando qual seu propósito de vida por intermédio de cada uma das situações, mesmo as mais dolorosas, até malignas e cruéis. Não se conforme e nem se acomode, muito menos se deixe moldar assumindo a forma — ou melhor, a cara — do problema ou da sujeira que jogam em cima de você, só por ser diferente.

Sabe o que mais me encanta no plano de Deus ao enviar Jesus pra nos salvar de toda essa baixaria dos "poderosos", "perfeitos", "maravilhosos", "socialmente corretos" (embora muitas vezes medíocres) despidos de valores e até mesmo nojentos? O direito de lutar com armas espirituais que eles desconhecem, mas que são altamente eficazes, como a oração, a prática da Bíblia, fazer parte de uma igreja e estar sob a orientação de pessoas que têm autoridade espiritual, entre outras. Pois não há como revogar, por exemplo, o poder da enfermidade sobre o homem, mas existe um poder maior pra que o homem possa lutar, seja contra qualquer enfermidade e, de forma sobrenatural e inexplicável, em se falando de lógica humana, ser vitorioso.

Sabia que Deus escolhe as coisas fracas do mundo pra envergonhar as fortes e também as coisas loucas do mundo pra confundir as sábias? Por isso, tenho uma boa notícia pra você. É com você mesmo! Escolha vencer em vez de sofrer. É possível!

Capítulo 7

Códigos vitais

Durante as tardes, no início de meu ministério, quando ainda não havia a rádio e televisão gospel, eu costumava fazer visitas a hospitais pra orar. Ou ia às casas, às empresas, atendia as pessoas na igreja em aconselhamentos. Depois da chegada do rádio e da tevê, ainda faço tudo isso, só que agora não só à tarde, mas também pela manhã e à noite.

Numa das tardes em que estava atendendo, ministrando e orando em meu gabinete na igreja, chegou uma verdadeira princesa, uma moça linda, recém-casada, pertencente a uma família que conhecíamos há anos e com a qual, até hoje, compartilhamos a mesma fé e nos alegramos por estar unidos em uma aliança de amor. Por mais que queiramos ser neutros em situações como essas, fica difícil ser imparcial no aconselhamento a alguém que você viu nascer, crescer. Ficava lembrando seus olhinhos sempre brilhantes quando criança, buscando nosso abraço ou correndo pra nos dar um beijo. Isso sem contar os recadinhos e bilhetinhos com desenhos, depois cheios de adesivos, até que viraram cartões escritos com canetas cheirosas, sempre expressando amor, cuidado, gratidão e carinho, acompanhados de lembrancinhas, presentes que nos fazem lembrar o quanto somos amados, importantes e também participantes de cada fase e conquista.

Logo de cara, é necessário segurar-se pra não falar: "O que fizeram com você? Quem é esse louco, essa louca? Fala que eu vou lá tirar satisfações, agora! Não sabem que você também é minha princesa? Seja lá o que tenha acontecido, tenho certeza — a que só pode ser fruto do amor e do instinto de proteção — de que você não está fazendo nada errado."

Mas ela estava precisando de ajuda, e não de colo, muito menos de alguém que jogasse mais lenha na fogueira, aumentando ainda mais seu problema. Tinha discussões absurdas e aparentemente injustificadas com seu marido por motivos ridículos, insignificantes, tão pequenos que ela não conseguia sequer detectá-los. Ela começou a conversa assim:

— Bispa, você já viu uma esposa que não pode ligar pro marido? Que não pode perguntar como foi seu dia quando ele chega em casa?

Isso já com a voz embargada, cheia de dor e os olhos marejados. Não sei ao certo descrever a entonação de minha pergunta, mas sei que não estava de todo em tom normal.

— Como assim? — questionei.

Por dentro, eu pensava: "Que doido é esse que mal acaba de se casar com esta joia valiosa e já começa a aprontar? Ai, Espírito Santo, vou precisar de um reforço aqui, principalmente no que se refere a domínio próprio, mansidão, sabedoria e discernimento pra entender esse maluco." Respirando fundo, inclinei-me sobre a escrivaninha que nos separava e, pegando em suas mãos, voltei a perguntar:

— Como assim, querida? Explique melhor.

Como a conhecia, e também a sua família, sabia um pouquinho de seus hábitos familiares. Ela pertencia a uma família muito unida e alegre que falava ao telefone o dia todo por tudo e por nada. Durante o dia, mandavam recadinhos uns aos outros só pra dizer que se amavam; tudo era motivo pra se falarem, desde o sanduíche que estavam comendo ou algo interessante que cruzava em sua frente no sinal de trânsito. Ou seja, eles não eram apenas unidos; poderia dizer que praticamente eram misturados. Falar com um significava falar com todos e vice-versa.

Com esse histórico familiar, casar com alguém que não queria que ela ligasse durante o dia e que ficava enfurecido quando indagado sobre seu dia era uma catástrofe. Era sentir-se rejeitada, mal amada, preterida, excluída. Já viu a confusão, não é? Procurei extrair um pouco mais de informações, apesar de ela estar atordoada, ferida pela situação completamente nova e absurda em sua vida; além de também estar machucada pelas palavras ditas durante as frequentes discussões que vinham tendo, cada vez mais acaloradas e agora já agressivas. Assim, pedi que tentasse reproduzir com detalhes um desses telefonemas que sempre acabavam mal entre os dois.

Ela começou a descrever: "Amor, tudo bem? Onde você está? O que está fazendo? Já almoçou? Eu *tô* aqui." E falava onde estava e também o que estava fazendo. Ato contínuo, emendava um "sabia que te amo?"

— Bispa — continuou ela —, às vezes, nessa parte, sinto que estou falando sozinha, ou então ele responde: "Estou ocupado, não posso falar agora, tchau." Notei que, toda vez, era mais ou menos essa a resposta e comecei a ficar irritada com isso. Quando ele falava que estava ocupado, que não podia falar comigo, já antes daquele "tchau" seco, como se não me conhecesse ou estivesse com alguém que queria esconder ao telefone, eu já falava: "Você está sempre ocupado quando sou eu quem liga? Não dá nem pra falar que me ama?" Ao que ele respondia: "Não, não dá! Fala logo o que você está querendo. Você acha que estou aonde? Estou trabalhando."

Ela continuou contando:

— Ou então, dependendo do horário que ligo, ele responde: "Estou almoçando com meu irmão. Está satisfeita agora? Que coisa! Toda hora você me liga com essa conversinha. Fala logo o que quer. Você agora é uma mulher casada. Precisa amadurecer e largar essas coisas de criança. Será que dá pra me deixar trabalhar em paz? É claro que amo você. Que maluco seria eu se tivesse casado com alguém que não amasse. Vamos, fala logo!"

Ele foi um grosso, uma verdadeira lixa zero; um bronco total. Mas, enfim, quando se aconselha alguém, não se deve expressar opinião, mas sim ajudar a pessoa a encontrar e praticar a direção que Deus tem pra sua vida. Por isso precisamos nos manter em espírito de oração, buscando o discernimento pra situação, ou seja, o que está por trás daquilo que nos é contado.

Às vezes fica quase inevitável, diante de uma narrativa como essa, lembrarmos, por exemplo, de um ditado que a avó espanhola de meu marido sempre falava e que a família (e agora eu também, devido à convivência) repete com frequência: "Todos somos buenos pero el poncho no aparece." Ou seja, tudo é muito bom enquanto há uma camada que esconde o que está por baixo. Pensamentos e lembranças como essas passam por nossa mente em frações de segundo, coisa que precisamos logo refutar pra não sermos tendenciosos. Por isso, voltando a me concentrar no relato, perguntei a ela:

— E aí, querida? O que você fala?

Ao que ela me respondeu:

— Ah, essa agressividade me atordoa um pouco e, às vezes, começo a chorar, o que o deixa mais irritado ainda. Não entendo por que ele fica tão irritado.

Perguntei se sempre tinha sido assim.

— Não — ela respondeu. — Ficávamos, às vezes, horas ao telefone falando de tudo, rindo. Às vezes ele até pegava o violão e cantava pra mim.

Diante dessa resposta, a gente já começa a desconfiar de tudo, não é? Mas continuei insistindo em ter mais detalhes e perguntei:

— Mas isso durante o dia também?

Foi a partir da resposta a essa pergunta que o Espírito Santo começou a descortinar pra mim qual era realmente o problema. Ela respondeu:

— Não. Nós nos falávamos mais à noite. Às vezes também durante o dia, mas, como eu fazia faculdade pela manhã e logo em seguida entrava no estágio, não tinha tempo nem de tomar um lanche. Era uma *pauleira*. Corria tanto e tinha tanta coisa pra fazer que mal dava pra ir ao banheiro. Então, só dava mesmo pra ligar à noite, um pouco antes de a gente se encontrar pra sair, ir à igreja ou então, quando não íamos sair, passávamos a noite falando ao telefone. No meu último ano de faculdade, também estava sempre muito cheia de trabalho pra fazer, fora as traduções que pegava pra gente juntar dinheiro pro casamento, que me ocupavam demais porque, em sua maioria, eram recheadas de termos técnicos, e isso demanda maior trabalho e tempo também.

Ela continuou:

— Mas agora estou só com as traduções, o que varia muito. Às vezes há muitas. Outras, não então dá pra ligar mais pra ele, pra meus pais. Só que não quero que meus pais percebam nada, entende? Ah, bispa, estou desesperada. A gente só briga.

Como ministros eclesiásticos, em aconselhamentos como esse sabemos que a pessoa acredita que há alguma força ruim ou algum trabalho espiritual por trás de tudo isso, e deseja que façamos uma "oração milagrosa", expulsemos essa perturbação que está deixando o casamento um inferno.

Na realidade, não estão de todo errados. Realmente, forças destruidoras devem estar se aproveitando das oportunidades pra se manifestar, levando ao roubo da alegria e do prazer que o casamento traz quando nos juntamos com quem amamos. Essas forças, os espíritos negativos e destruidores, só agem por meio de uma brecha, como espiritualmente falamos. Ou seja, alguma habilitação, uma oportunidade que dá autoridade pra que façam as três coisas que sempre são seu objetivo: matar, roubar e destruir. Além de sua missão maior, que é nos afastar de Deus de qualquer forma, seja por frustração com a fé, com homens ou o motivo que for.

"Qual seria a brecha?", em espírito perguntei ao Senhor. E voltei a pedir à moça que me contasse, que falasse um pouco do histórico amoroso dele, pois sabia que o marido já havia morado com outras mulheres e era bem mais velho do que ela. Esse "bem" é um pouco de exagero meu, mas acho que deveria ser uns dez ou doze anos mais velho.

Depois de tudo o que ela me contou, uma coisa estava clara: não daria pra ter percebido isso antes do casamento porque muita coisa mudou, em termos de rotina de vida, principalmente pra ela, que continuava estudando, mas agora em uma especialização. Por isso, só precisava sair de casa dois ou três dias na semana, o que significava uma carga horária bem mais leve.

— Então, querida, calma — disse eu. — Estamos aqui pra que o Senhor nos ilumine e nos dê sabedoria pra vencermos este desafio, não é mesmo? Fale-me um pouco do histórico amoroso dele, me fale um pouco também de sua família.

— Ah, os pais dele são separados e já casados com outras pessoas. A família tem uma indústria onde trabalham ele e o irmão praticamente dirigindo tudo porque seu pai viaja muito a negócios. Agora abriram mais uma filial e o pai fica mais tempo lá, por isso ele e seu irmão é que tocam essa unidade. Também já faz um tempo que mora sozinho. Teve um monte de namoradas, mas duas mesmo é que foram mais sérias. Morou um ano e meio junto com a primeira e disse que acabou porque era uma época em que se sentia meio carente de família e ela dava certa segurança, mas depois começou a implicar com o pai e o irmão gêmeo — esse que trabalha com ele. Esse meu cunhado entra em casa e já vai falando, fazendo planos com meu marido como se ele não existisse, como se eu não fosse casado. Até meu marido concorda comigo e tem dado um *chega pra lá* no irmão.

— Sei... E a outra moça com quem ele morou?

— Essa ele me disse que realmente gostava dela, mas que era totalmente louca, daquelas de dar escândalo, de segui-lo, de ameaçar se matar se a deixasse, de fazer baixaria em restaurante se achasse que alguém estava olhando pra ele, mas que também era divertida, agitada. Acabou também não dando certo porque ele se sentia sufocado e, muitas vezes, envergonhado. Começaram a brigar por causa desse ciúme dela e, segundo ele, foi muito traumático porque ele gostava da garota, mas ela o sufocava; até que conseguiu terminar de vez. Durou uns três anos, entre idas e vindas. Ah, bispa, eu não entendo. Ele sempre me falou que eu era sua paz e que isso era o que o fazia me amar mais do que todas as outras.

Foi nesse momento que a luz de Deus invadiu meu entendimento, porque o tempo todo em que estou dando aconselhamento, procuro me manter em espírito de oração, e essa luz maravilhosa — que quem a tem não anda em trevas e muito menos em confusão ou crise mental — falou em meu interior.

Você está vendo como toda história tem dois lados?
Aquelas perguntas inocentes são fatais pra ele porque o fazem lembrar e sofrer novamente todo o desgaste e tortura que sofreu em seus relacionamentos anteriores. Por isso, sua reação vem tão cheia de agressividade. Ele está respondendo a sua esposa e também a todas que o magoaram tanto com suas desconfianças, suas obsessões, seus desequilíbrios enlouquecedores, constrangedores e, pior de tudo, ofensivos em razão de ele ser um homem sério. Situações que começaram de forma inocente acabaram por matar o sonho de amor que ele tinha com elas, inclusive deixando feridas ainda não de todo curadas e cicatrizadas.

Sem querer ela está ativando o código vital do marido

Ela o faz usando palavras ou expressões que são verdadeiros pinos de uma granada. É só a gente falar qualquer coisa pro outro que, sem motivo aparente, ele *estoura* e causa um grande dano, principalmente nos envolvidos no relacionamento.

Só de comentar sobre este capítulo com mais duas pessoas que estavam comigo, em uma de minhas atividades na maravilhosa e prazerosa correria de meu dia a dia, descobri mais dois outros códigos vitais e inimagináveis que vou contar a seguir.

Diferentes pessoas com diferentes códigos vitais

A primeira pessoa me falou que não suporta que alguém, ao se despedir, diga: “Fique bem.” Pra ela, isso é, no mínimo, muita presunção, um absurdo. Até parece que ela só está bem se estiver com o "infeliz". Vamos e venhamos, o outro foi infeliz em sua fala sem saber. Pra ela é arrogante, presunçoso, de mau gosto. Como diria minha avó, vivendo e aprendendo, não é?

Aí eu perguntei se, por exemplo, ao me despedir, eu disser: "Fica com Deus." Ao que ela me respondeu: "Ah, aí é diferente, né? Ficar com Deus é um desejo de que a gente esteja protegida, abençoada e de que fique muito bem." Fale a verdade: se não fosse catastrófico o resultado de ativar um código vital de alguém, poderíamos até dizer que é hilário.

E a outra pessoa que estava comigo? Só com discernimento de Deus, uma sabedoria realmente divina é que daria pra saber. Tratava-se de uma moça magrinha, estilo *Barbie*, daquelas que parecem bonecas de tão bonitas. Ela nos confessou que não suporta que alguém se aproxime dela e a trate por "fofinha", "bonitinha", "gracinha", que isso a irrita profundamente a ponto de deixá-la de mau humor e fazer com que não deseje mais ver, falar ou ter contato com o (ou "a") infeliz. Isso ativa seu código vital, pois, em sua opinião, quem quer manifestar amor e cuidado deve fazer com atitudes, e não com esse tipo de palavras que soam falsas e são profundamente irritantes.

Olhando bem pra ela, pensei: "Só Deus mesmo pra nos iluminar, pra que não caiamos nessa tentação. Porque você é tudo isso: bonitinha, fofinha, gracinha, e ainda mais lindinha." Até esbocei um sorriso ao pensar nisso, mas logo me contive, pois isso não invalida a excelente profissional, a pessoa realizadora, centrada e capaz que ela é.

E aí? Quer saber como terminou a primeira história, a que comecei contando neste capítulo? Igual a um conto de fadas: eles têm vivido felizes já por muito tempo, e espero em Deus que seja assim pra sempre. Só tenho uma ressalva: sabe por que isso foi possível?

Diálogo

Ela buscou maneiras de se expressar e de se comunicar com seu marido que, nem de longe, trouxessem alguma lembrança de que estava sendo controlado de alguma forma, como já tinha acontecido no passado e o havia machucado tanto.

Sabedoria

Essa experiência a marcou de tal forma que, a partir dela, até em outras áreas de sua vida ela começou a buscar sabedoria de Deus pra se expressar e se relacionar.

Aconselhamento

Após uns anos, depois de ter adquirido a total confiança de seu marido, ela contou sobre o aconselhamento que o ajudou a se libertar completamente de seu passado, por isso hoje a situação virou até uma brincadeira entre eles. Em vez de se cumprimentarem ao celular ou telefone, por exemplo, com um "oi, amor" ou até mesmo "alô", eles se cumprimentam dizendo: "Onde *cê tá*?"

Maravilhoso, não é? Aquilo que um dia poderia até mesmo ter destruído o casamento deles virou motivo de brincadeira e também uma ferramenta pra ajudar outros casais a não se destruir. Aquela experiência ensinou todos os envolvidos a considerar que as reações "inexplicáveis" diante de perguntas, frases, palavras, comportamentos normais e inofensivos, podem estar expressando traumas, mágoas, complexos e expondo feridas da alma ainda não tratadas. Pode ser até uma autodefesa que acabou por se manifestar em atitudes e palavras não só agressivas, mas que podem ser verdadeiras brechas pra que aquilo que foi construído com amor, com sonho, com alegria, com o melhor de nós, seja destruído e até mesmo totalmente apagado.

Preciso também dizer que há outros códigos vitais que podem despertar reações destrutivas e construtivas em nossos relacionamentos, como o nosso nome, alguém com quem fisicamente parecemos, a nossa atividade, nossas atitudes. Enfim, a verdade é que, muitas vezes, estamos ativando códigos vitais em nossos relacionamentos e somos cobrados, rejeitados, agredidos. Ou desfrutamos de uma graça, de uma simpatia, de uma doação que tem mais a ver com o histórico de vida e o histórico familiar das pessoas do que conosco.

Muitas vezes, só a nossa presença, nossa fé em Deus, nosso compromisso em servi-lo, em suprir seus projetos na Terra ou de ser alguém que largou tudo pra ser seu mensageiro aqui na Terra ativa códigos vitais, porém de forma espiritual. Em alguns casos, por razões espirituais, despertamos aversão àqueles que são cheios e carregados de toda inveja, malícia, antirreligiosidade, preconceito e amor ao dinheiro. Pessoas assim têm reações insanas, absurdas. Não exagero em nada quando as chamo de infernais porque detestam, odeiam e querem destruir aqueles que se doam, que se abrem pra servir a Deus por amor. Esses pagam um preço alto: o de ser diferente, de fazer, de se entregar, de crer e de ensinar a crer em Deus e em seu filho, Jesus Cristo.

E se essas pessoas, ainda por cima, têm da parte de Deus a bênção material, aí então acabam sendo vítimas de pessoas que mal as conhecem e que também não querem conhecer, se porventura tiverem uma chance. O objetivo delas é um só: o de destruir, denegrir, mesmo que pra isso seja necessário usar meios e métodos sujos e indecentes, manipulando situações, diálogos, articulando, tramando, numa ânsia de satisfazer sua sede de destruir pessoas que nunca causaram dano algum e, em certos casos, até mesmo ajudaram, acolheram e amaram.

Portanto, pra que possamos andar neste tempo em que cada vez mais essas loucuras estão soltas e agindo em todos os lugares, é necessário estar protegido espiritualmente e cheio, muito cheio da sabedoria e do discernimento de Deus, o que acontece quando nossa vida é dirigida por ele. Religião? Não! Muito mais do que isso: uma maneira maravilhosa de viver que nos dá condição de estar, em toda e qualquer situação, de bem com a vida.

É necessário, pra quem quer se aproximar de Deus e dele alcançar o favor, que tenha fé, que creia que ele existe, que se empenha e nos ama a ponto de enviar seu filho em forma humana pra pagar o preço que nos reconciliou com Deus de maneira tão maravilhosa. Essa fé nos faz ser tratados como verdadeiros filhos e, portanto, com direito legal de viver aqui na Terra toda sorte de milagres, alegrias, vitórias, coisas só possíveis porque foi ativado o código vital de Deus. Os que conseguem isso não só vivem, como também têm o poder de ensinar.

Meu desejo é saber que você também é daquelas pessoas que em toda e qualquer situação estão vivendo de bem com a vida, uma qualidade ativada pela fé e que mostra que o impossível pra nós, simples humanos, pode se tornar possível a ponto de vivermos milagres vividos pelo coração.

Capítulo 8

Infidelidade, ingratidão e traição

Há situações tão absurdas e improváveis que passamos em nossa vida que chegam a ser surreais. Verdadeiros pesadelos que você não vê a hora de acordar pra que acabem, pra que tudo volte ao normal. Como pode? De onde eles vêm? Parece que, numa fração de segundo, a vida vira de cabeça pra baixo. É enlouquecedor.

Simplesmente parece ser impossível estar vivendo o que está acontecendo conosco, passando o que estamos passando, vendo o que estamos vendo, ouvindo tudo isso. Meu Deus! Olhar ao redor e não entender nada. Buscar explicações, razões, algum sentido, algum motivo pra estar vivendo essa loucura e, simplesmente, não encontrar. Deixa qualquer um atordoado!

Ficamos buscando em nosso interior, no coração, nos pensamentos, nas motivações, na história de nossa vida algo que possa justificar ou ter causado o que estamos vivendo e simplesmente não encontramos. E o pior, ainda somos acusados, cobrados, julgados, sentenciados, discriminados, caluniados, abandonados. E essa é uma das partes mais doloridas porque, além de tudo, ainda devemos enxergar que o compromisso e o amor de muitos que, inúmeras vezes e de maneira espontânea, juraram amizade, amor e fidelidade em toda e qualquer situação, não passavam de puro interesse nas coisas que você poderia proporcionar.

Embora saibamos que o mundo é movido por interesses, nunca imaginamos que os interesseiros estão ao nosso redor e (pior), muitas vezes, que são pessoas que estavam completamente perdidas em si e pra quem demos o que tínhamos de melhor: nossa amizade, nosso coração, além, é claro, das orações e do empenho espiritual. Elas alcançaram o que alcançaram e hoje são o que são.

As maiores violências emocionais vêm principalmente de três atitudes: infidelidade, ingratidão e traição. É horrível e assolador ter de assumir que aqueles pra quem abrimos a nossa casa, dividimos nossos sonhos e entregamos nosso coração só estavam conosco por interesse. Ao enxergarem coisa melhor, na hora em que estamos expostos às maiores barbaridades e atrocidades, viraram as costas e ainda abriram a boca de modo cruel e até maligno, difamando, caluniando, inventando barbaridades tão absurdas. Mas as pessoas acreditam neles. E por que acreditam?

Acreditam por reconhecer que eles eram dos nossos, ou seja, que desfrutavam nossa intimidade e confiança, e também por nunca poderem imaginar que alguém tenha capacidade de mentir, envolvendo valores e coisas tão sérias, posso até dizer santas, intocáveis.

Se você está passando por uma dessas situações de ingratidão, infidelidade ou traição, espero que isso ajude a entender por que pessoas que eram de seu convívio estão fazendo o que estão fazendo ou falando o que estão falando, e ainda tem gente que acredita.

Pense bem: de que outra forma poderiam justificar tamanha ingratidão, crueldade e egoísmo pra com quem sempre ajudou e amou? E não para por aí! Com certeza ainda se juntarão no momento de sua grande dor, numa atitude desumana e cruel, com pessoas das quais sempre falaram mal e diziam não suportar, e por quê?

Porque é só assim que conhecem qual é a força destruidora que têm, encontrando abrigo pras insanidades que estão praticando e espalhando. Quer saber? Coisa que nem os animais fazem, porque cachorro, quando vê seu dono e amigo em mau estado, fica por perto.

É quase impossível passar por situações que envolvem isso — e muitas outras que nem descrevi — e continuar em paz, como se nada tivesse acontecido, sem desejar também o mal a eles, sem ter sede de vingança. E depois ainda ter de perdoar, continuar acreditando que Deus existe, que não muda, que continua sendo feito de amor e que não tem limites pra nos abençoar. Como é, então, que Deus permite situações como essas? Fora a situação absurda que está acontecendo, ainda há a ingratidão, a infidelidade, a traição? É demais!

Só dá pra suportar e continuar a ser a pessoa crédula, liberal, de bem com a vida que você sempre foi se tiver em sua bagagem de vida experiências sobrenaturais como esta que vou contar. Vou comentar aqui uma dessas experiências que me abriu a porta do amor de Deus, que cura e restaura, assim como ensina e ajuda a passar por outras porque, infelizmente, no relacionamento com seres humanos você precisa prever que também passará por situações assim. Principalmente se alcançar algum tipo de destaque, seja na área que for. Você precisa ter a marca daquele que saiu vencendo pra tudo vencer. Assim, não deixará seu foco de vida nem se perderá em seus sentimentos de revolta, ódio e dor.

Procurando motivos

Houve uma época em que tiramos férias e fomos pra praia. Naqueles dias, notei que meu filho mais velho, então com 13 anos, que sempre fora cheio de vida, corado, bonito, alegre, com uma inteligência sempre marcante, não queria saber de fazer nada. Estávamos numa praia linda e ele não queria tomar sol. Ficava no sofá, não queria nos acompanhar em nossas atividades. Achei que era coisa da adolescência. A gente insistia pra que ele participasse, e nada.

O Tid sempre foi muito inteligente e eu, uma mãe muito cuidadosa com meus filhos, daquelas que não deixa escapar detalhes. Uma junção perfeita pra ser enrolada. Voltamos daquelas férias e, ao começar as aulas, ele levantava e, ainda com o estômago vazio, ia ao banheiro e vomitava. No primeiro dia, achei que era mais algum truque dele pra não ir à escola. Acabei brigando e falando que não adiantava tentar me enrolar, porque iria à escola de qualquer forma. Só que, no outro dia, aconteceu o mesmo, e vi que estava meio pálido, o que me deixou preocupada, mas ele disse que estava bem e que o mal-estar havia passado, e assim se foi mais um dia.

No terceiro dia, a situação se repetir. Então resolvi que o melhor seria levá-lo a um médico; mas, no dia marcado, meu marido e eu tínhamos uma viagem já agendada há bastante tempo pro Uruguai, por isso pedi pra uma assessora levá-lo porque estava preocupada.

A viagem era de uns cinco, seis dias, mas acabei voltando antes porque tinha uma pregação mais ou menos agendada numa de nossas igrejas na Zona Norte de São Paulo e estava preocupada com o Tidão. Procurei saber o que o médico havia falado e a assessora disse que, a princípio, não tinha achado nada de errado, mas tinha pedido uma bateria de exames.

Alguns ela mesma já havia providenciado, outros agendei logo que cheguei, sendo que o resultado do último fiquei de retirar sábado pela manhã no consultório do médico, o que acabava por coincidir também com o dia em que meu marido chegaria de viagem do Uruguai. Pensei em passar mais cedo no médico e depois ir com as *crianças* esperá-lo no aeroporto.

Fomos pegar o exame no sábado e o médico resolveu medir a pressão. Durante a madrugada, meu filho reclamou de dor na nuca. Eu via que ele não estava passando bem, mas como tinha médico agendado pras sete da manhã, oramos juntos, coloquei-o em minha cama, verifiquei sua temperatura, vi que estava normal e nem de longe imaginei que estivesse passando tão mal.

Pense num adolescente corado, cheio de vida, que inclusive fazia parte do time de handebol de um clube conhecido, participando de campeonatos, sem ter sequer cárie havia anos, alguém carismático, superinteligente e alegre. Pois esse é o Tid.

Quando o médico verificou a pressão, estava 21 por 18. Ficamos aterrorizados. O médico mandou-o imediatamente pro hospital, o que fiz sem sequer passar em casa pra pegar roupas nem nada. No caminho, liguei pra um amigo da família e pedi pra que fosse buscar o Estevam no aeroporto.

Chegando ao hospital, o médico já havia ligado pra lá, e enquanto eu preenchia a ficha de internação, já foram atendendo, colocaram remédio debaixo de sua língua, checaram novamente sua pressão, que continuava como antes. Em questão de menos de uma hora, ele já estava na UTI e continuou toda aquela investigação pra saber o que estava acontecendo.

Não sei se dá pra imaginar o que é, do nada, uma criança, um adolescente cheio de vida, a quem eu sempre dizia que, se fosse índia, o chamaria "Festa" (porque índios colocam nomes em seus filhos de acordo com alguma característica marcante), de repente estar na UTI. Não, não era possível. Só podia ser um pesadelo, meu Deus.

Eu olhava ansiosa pro meu marido e pros amigos que, a essa altura, também já tinham chegado ao hospital, pras pessoas da igreja, pros médicos, buscava alguém que me falasse: "Olha, isso não é verdade, não é nada, é só um mal súbito que não sabemos explicar, mas já está tudo bem. Já passou, *tá* vendo? Pronto! Pode levar sua Festa pra casa."

Mas nada disso aconteceu. Mesmo aflita e angustiada, procurava alguém, algo que me dissesse que tudo aquilo era um engano e não estava acontecendo com meu querido, meu primogênito, minha Festa, meu amor, minha vida. Só encontrava também olhares espantados, atordoados pela situação, buscando respostas como eu, explicações, motivos, razões pra entender tudo aquilo.

Nossa vida virou uma loucura. Exames e mais exames. Eles marcavam um exame, ele ficava em jejum e, às vezes, o exame não era feito. Vi meu filho sofrendo muito. De repente, sua cor mudou e a gente via que ele estava cada vez pior. Até que, finalmente, descobriram que era um problema renal, fizeram um buraco em sua barriga e ele começou a fazer diálise peritoneal. Meu Deus!

A equipe que estava atendendo o Tid não estava conseguindo entrar num acordo. Um passava e dizia que podia comer de tudo, outro que não podia nem tomar água. Se a cabeça já estava a mil por hora e a vida tinha virado de cabeça pra baixo, diante dos mandos e desmandos da equipe médica, começou a ficar enlouquecedor.

A essa altura, estávamos na semi-UTI desse hospital. Nem precisa dizer que me mudei pra lá. Se, quando ele estava na UTI, mesmo sabendo que tinha hora pra visita, eu não arredava pé da sala de espera, a não ser pra ir à igreja, na ânsia de que me deixassem vê-lo nem que fosse só por um minutinho (o que sempre permitiam), imagine na semi-UTI, em que podia acompanhá-lo?

A investigação se arrastou por mais uma semana e nada de fecharem um diagnóstico. Uma das principais armas de guerra é saber contra quem se está lutando. E nós não sabíamos por causa dos desencontros da equipe médica. Além de não sabermos ao certo o que realmente havia acometido nosso filho, ainda o víamos agora com dores, tendo de tomar remédios fortíssimos que, na realidade, não aplacavam a dor, mas o dopavam. Mesmo dormindo, ele continuava gemendo. Um som que nos arrebentava por dentro, além de denunciar toda a nossa impotência.

Mais uma semana e quiseram fazer um tal exame que necessitava de oito horas de jejum. Na primeira vez, no fim das oito horas, vieram e simplesmente desmarcaram. Pior: na segunda vez, nem isso, eu é que tive de cobrá-los. Aí foi a gota d'água pra nossa paciência, que já estava esgotada, assim como nós.

Somado a isso, eu estava sofrendo uma competição por parte de umas *amigas* pra saber quem é que iria *cuidar* melhor de mim, com direito a chantagens emocionais, briguinhas e agressões verbais polidas (se é que isso existe), competições sobre quem tinha maior influência e conhecia o melhor médico e outros absurdos. Isso requeria minha atenção e intervenção num momento em que eu estava totalmente fragilizada, exposta, com todas as minhas atividades e também as do ministério pendentes, além de marido, filha, casa, compromissos.

Por incrível que pareça, o fato de você ter sofrido um golpe de poder mortal e estar seriamente machucado, precisando se recuperar, não faz com que as outras áreas de sua vida parem e fiquem esperando. Pelo contrário, tudo continua andando normalmente e ainda vai se acumulando. Em meio a tudo isso, sem saber exatamente o que meu filho tinha, eu vivia também algo que não esperava, bastante cruel, vindo de pessoas egoístas, cujo deus são elas mesmas, maligno.

A sala de nossa vida

Não tinha percebido, mas algumas pessoas começaram a desenvolver uma relação muito controladora sobre a minha vida, querendo me *proteger* de tudo e dos outros, requisitando ostensivamente a minha atenção. A loucura de situações como essas nos transforma, muitas vezes, em reféns. Acabamos não conseguindo colocar limites, justificando atitudes desequilibradas tendo de dizer, com constrangimento: "Não!"

Só que, com isso, você se envolve numa teia de aranha, pois todo movimento só nos deixa mais enrolados. Tais pessoas vão se inserindo em seu contexto familiar e pessoal de tal forma que, na hora em que você abre os olhos, elas já estão no meio de sua sala, dando ordens e controlando tudo. A sala da minha vida estava cheia de pessoas como essas, e eu nem tinha me dado conta do perigo que estava correndo, porque pessoas assim se aproveitam dos momentos de fragilidade. Ficamos à mercê de mentes doentias, obsessivas e controladoras.

Não podemos avaliar as pessoas tendo como referência o que faríamos ou o que não faríamos nem mesmo em meio à maior loucura. Não tinha me dado conta de quanto estamos imersos numa sociedade perturbada e doente, que muitas vezes em nome do "amor", do "cuidado" e da "amizade", vem pra nos asfixiar, aprisionar, exigir, cobrar, sem levar em consideração o momento, a situação, a dor. É gente que cobra muito pra estar ao nosso lado e vive jogando em nossa cara que não a amamos, que se sente preterida, coisa e tal. Pede, cobra, exige, acusa, chantageia, não tem limites pra bater onde está machucado e sangrando. Não se contenta enquanto não nos destrói por completo. Prefere matar a perder.

E o que aconteceu é que, em meio à maior dor que já havia sentido em minha vida, tais pessoas apareceram como verdadeiros sanguessugas pra transformar num inferno os momentos que precisávamos pra nos restabelecer e buscar a Deus. Portanto, em meio a situações desse tipo, esteja preparado também para:

Traição de quem você alimentou

Esteja pronto pra descobrir que pessoas que você julgava que o amavam e por elas se sacrificou, investiu, se abriu e amou, na realidade só estavam ao seu lado enquanto você as alimentava e supria com o melhor de si. Na hora em que não tiver pra dar ou não puder, por precisar se recuperar, essas pessoas se tornarão suas piores inimigas, cruéis, sem escrúpulos em difamá-lo, inventando toda sorte de mentiras e atrocidades.

Associação entre seus inimigos

Esteja também preparado pra ver esse tipo de pessoa se associando com aqueles que, por inveja ou qualquer outro sentimento mau, querem destruí-lo — mais ou menos o que ocorre com alguém que sai de uma grande empresa pra trabalhar em sua maior concorrente. Mesmo que antes ele dissesse estar ao seu lado e compartilhasse seus sonhos por amor.

Calúnias de todos os lados

Esteja preparado pra ser caluniado por pessoas de quem você esperava compreensão e apoio. Nessa situação, determine-se a não ouvir ou querer saber de nada que possa machucá-lo ou debilitá-lo mais, pois, via de regra, difamarão você, caluniarão justamente naquilo que mais preza e seria incapaz de fazer, independentemente da situação.

Gente que se aproveita de sua fraqueza

Tome muito cuidado porque eles aproveitarão que você está fragilizado pra fazer com que caia em armadilhas e, assim, provarem que o que dizem é verdade.

Aprenda a se acalmar

Esteja preparado pra viver dias ruins por algum tempo, não se deixe consumir pela ansiedade. Há coisas que fazem parte de sua missão aqui na Terra, por isso acalme seu coração e busque em Deus a sabedoria pra viver um dia de cada vez.

Não se afaste de Deus

Procure ao máximo estar próximo de Deus, cheio de sua palavra, que é sempre verdade. E nada ou ninguém poderá mudá-la. Isso vai ajudá-lo a enfrentar esse Vale da Sombra da Morte sem perder sua alegria de viver.

Mantenha o foco

Não perca o seu foco por nada. Se for necessário, libere o perdão pra ter o coração limpo, pra poder receber consolo e conforto de Deus. Não hesite em liberar esse perdão. Mesmo que a pessoa seja reincidente e, ao fim de cada dia, você seja obrigado a liberar outra dose de perdão, não abra mão de viver seu milagre. Não abra mão de ver toda essa sujeira, toda essa dor sendo transformada em alegria e dupla honra.

Mantenha a comunhão com Deus

A cada manhã, procure ter um momento de oração e comunhão com Deus. Como deixei registrado na *Bíblia da mulher de bem com a vida*, no Detox espiritual: dez minutos a mais na cama não vão adiantar grande coisa, mas dez minutos logo no início do dia orando e pedindo sabedoria pra tomar as decisões certas poderão ajudar muito. Você vai precisar tomar várias e importantes decisões mesmo fragilizado, exposto, em dor, sangrando. Esse é um momento em que você não pode errar, até porque já está muito ferido e isso vai doer demais.

Peça conselho às pessoas certas

Tome cuidado pra, em meio a essa fragilidade e exposição, não acabar buscando abrigo e conselho em pessoas erradas. É um momento em que oportunistas também aparecem pra explorar, aproveitando sua dor.

Ganhe força com a fé

Em dia de guerra, índio se pinta. Ou seja, não aparente fraqueza, achando que, com isso, você vai ganhar compaixão e misericórdia. Não caia nesse engano. O mundo não perdoa os fracos e só respeita os fortes. Se você não tem forças, fortaleça-se crendo que existe um Deus que tudo vê e, a seu tempo, fará justiça. Levante-se e erga a cabeça, ainda que sangrando. Creia que Deus é Pai e o procure, pois você vai precisar de uma força extra-humana pra vencer essa cruz e, por fim, ressuscitar num novo dia.

A primeira decisão que precisamos tomar foi a mudança de equipe médica, o que implicava também uma mudança de hospital. Não é tão simples assim porque esbarra também no que na medicina chamam "ética". Será? Muito delicado, constrangedor, ameaçador, mas graças a Deus foi a decisão acertada.

Fomos pro outro hospital aos cuidados de uma equipe médica maravilhosa. Outros exames foram feitos e também foi tirada uma amostra pequena de seu rim pra análise. Ficaria pronto somente após alguns dias. Além disso, uma dieta adequada ao seu caso foi estabelecida, e assim só nos restava esperar em oração pra ver como Deus iria nos dirigir em tudo aquilo. É claro que não paramos de clamar por cura, por um milagre, o mais rápido possível.

E eu, totalmente fragilizada, descobri naquele momento que a parte do nosso corpo que mais dói é o filho. E o meu, a quem chamava Festa, estava hospitalizado numa semi-UTI, sem diagnóstico fechado, com dores, com a pressão alterada, precisando ser controlada por medicamentos fortíssimos injetados na veia.

Até que, no dia 20 de março de 1993, no dia em que inauguramos a igreja no Copan, o médico nos trouxe o resultado da biópsia do rim do meu filho. Estava a família reunida num pequeno quarto no fim de um corredor, todos ansiosos, olhando atentos pra ele na esperança de uma boa notícia. O médico puxou uma cadeira, sentou bem no meio do quarto, abriu o exame, olhou pra nós (detalhe: a família toda estava presente, incluindo o Tid) e disse: "Vocês sabem o que é um rim? Pois então, os dois rins de seu filho estão tão duros que não servem nem pra comida de gato."

Falou assim, a seco, sem nenhuma introdução. Depois acrescentou que ele teria de fazer hemodiálise, ou também poderíamos fazer a opção de continuar com a diálise peritoneal, pois já tinha começado a fazê-la, e que, futuramente, deveria se preparar pra um transplante.

Saiu da sala sem mais nem menos. E nós? Desabamos. Todos começamos a chorar, menos o Tid, o que fez com que nos contivéssemos. Afinal de contas, quem mais tinha direito de fazer isso estava, sem dúvida por amor a nós, se mantendo firme. Meu guerreiro querido. Amado do meu coração. Ele se revela, em cada fase de sua vida, mais fenomenal e especial ainda, realmente um grande presente de Deus.

Num primeiro momento, você quer explicações, motivos, quer saber das causas, sai atrás de outras opiniões mostrando os exames, ora desesperadamente, busca em Deus também um porquê. Como se tudo no mundo tivesse explicação ou fosse consequência de alguma coisa.

Se você acha isso, então saiba que há coisas inexplicáveis que não são consequência de erros. Existe algo que cada um de nós nasceu pra cumprir, aquilo que chamamos missão, propósito de Deus em nossa vida. Se conseguir entendê-la, por pior que seja sua missão, vai sair vitorioso em tudo; se não a entende, sua vida será um desastre. Se fugir dela, sempre viverá a vida de um personagem, ora agradando a um, ora satisfazendo outro, mas terá uma imensa frustração interior, e cada vez que buscar por si, vai acabar encontrando sua missão. E, diga-se de passagem, as piores missões são entregues aos que têm mais condições e são mais preparados pra isso, e não pra soldados rasos. Talvez você nem saiba, mas nasceu com um DNA espiritual pra ser general, e só descobre isso em meio a grandes desafios.

Por isso, ninguém passa por situações maiores do que as que pode suportar — ao contrário, com a provação sempre aparece uma saída quando sua vida é dirigida por Deus. Às vezes, sinceramente, gostaria de suportar menos. A única explicação que conseguimos mais tarde, de outro médico da equipe, que foi o que nos acompanhou por anos, é que o Tid devia ter contraído aquela bactéria que paralisou seus dois rins de um "machucado cuja ferida ele arrancou".

Difícil se acomodar e se reprogramar diante de situações tão violentas como essas, descrever o que acontece conosco num momento assim. Mas Deus tem um caminho pra cada pessoa.

A cura viria, porém não seria tão rápida e tampouco seria de uma só vez. Meu marido precisou ir, não tinha jeito, tinha a festa de inauguração da igreja no Copan naquele dia. Pedi a Fê que fosse com ele. Aliás, depois daquele dia, a Fê, com seus 11 aninhos, começou a me ajudar em casa com todas as coisas, como também a cuidar do Gabrielzinho, que acabara de chegar.

Eu fiquei lá, chorando. O Tid já sentia muitas dores e começaram, então, a dar morfina pra aliviar. Ele não dormia, apagava, mas continuava gemendo durante o sono. Ficar no quarto com seu filho gemendo é algo realmente terrível. Eu queria deitar em cima dele, ser como uma esponja, sugar aquela dor.

Foi então que deitei na cama ao lado, diminuí a luz do quarto e comecei a orar e chorar. O pior choro é aquele que não tem lágrimas nem voz, mas rasga por dentro o peito como se tivessem passado um rolo com várias giletes bem no centro de nosso peito e depois nos jogassem numa bacia de álcool.

Falava com Deus e perguntava: "Deus, eu achava que era sua 'queridinha' e que estas coisas nunca aconteceriam comigo. Onde o Senhor está? Por que tudo isso? Por que meu filho?"

Quando temos muitas perguntas, nem sempre damos tempo pra que as respostas venham. Quando, por fim, me acalmei um pouco, comecei a sentir uma paz que já conhecia: a paz que excede todo entendimento, que só o príncipe da paz pode nos dar por intermédio de sua presença em nós.

Também ouvi, com meu espírito, uma voz que conhecia me dizer: "Sonia por que você está assim? Você não é só a minha 'queridinha'. Também é minha amada, minha eleita, minha escolhida. Tanto você quanto seu esposo são pessoas com quem posso contar, em quem posso confiar, pois não me negarão de forma alguma. Os meus amados, meus escolhidos podem passar por fornalhas, entrar em covas de leões que nada fará com que me reneguem, revoltem-se contra mim, ao contrário, sei que me honrarão em toda e qualquer situação."

Realmente, meu entendimento de toda aquela situação após essa visita de Deus mudou. Já não me sentia punida, castigada por alguma coisa que tivesse feito ou acusada seja lá do que fosse. Eu me sentia participante do plano maior de Deus pra alcançar e salvar vidas por meio de nosso sofrimento, pois foi assim que ele nos trouxe a salvação eterna: por meio do sofrimento de seu único filho, Jesus.

Éramos culpados pelo que acontecia?

Do lado de fora do quarto, tudo parecia realmente estar pegando fogo. Comecei a ouvir toda sorte de acusações: que merecíamos passar por aquilo, que estávamos pagando por algum erro. Nós sabíamos que nossa maneira de nos relacionar com Deus era muito profunda, mas não tínhamos a completa consciência da guerra espiritual, de quanto isso incomodava os outros.

O inferno usa e abusa das pessoas à sua volta nesses dias. As pessoas que nos odeiam se levantam pra criticar a forma como vivemos, tudo o que praticamos. É claro que não foi gratuito. Iniciamos uma verdadeira revolução no Brasil em termos espirituais, na maneira de se relacionar com Deus, de prestar culto, e muitas igrejas tiveram de mudar pra não ficar estagnadas.

Tiveram de sair de sua zona de conforto, o que mexeu com toda a estrutura cristã deste país. Então, é claro que tivemos de enfrentar a ira e a raiva dos religiosos, e muitos deles se levantaram naquele momento de dor e disseram: "Tá vendo? Isso está acontecendo porque vocês levaram o rock do diabo pra igreja, porque falam de Deus dessa forma coloquial, porque abriram sua casa pra abrigar drogados."

As acusações eram as mais cruéis e absurdas em cima daquilo que fazíamos. Nosso filho estava doente, diziam, por um "castigo". Fui criada num meio muito guardado de tudo o que é ruim, de pessoas que planejam o mal ou que se alegram com o mal das outras, então achava um absurdo pensar que existiam pessoas assim.

Foi um tempo muito difícil pra nós, um período muito duro da minha vida. A rádio ficava em frente ao hospital. Eu ia até lá apresentar o programa e depois voltava. Saía, ia pregar e voltava, muitas vezes, atordoada, sem entender nada. O povo querido da igreja ia orar e rodear o hospital. Quantas vezes vi pessoas clamando por meu filho, de joelhos, na chuva. E eu estava procurando condições em Deus pra ficar de pé. Tinha certeza, em meu espírito, de que aquele era um tempo que ia passar.

Nas muitas vezes que busquei a Deus, a resposta que ele me dava era sempre a mesma: "Bom é o Senhor para os que esperam por ele, para a alma que o busca. Bom é esperar no Senhor e isto em silêncio" (Lamentações de Jeremias 3:25,26).

O som de minha casa havia mudado. Agora a minha Festa havia se transformado em gemido e dor. Tudo precisava ser extremamente higienizado e esterilizado pra que o Tid não pegasse nenhuma infecção. Deus foi tratando, fui curada. A enfermidade do Tid arrastou-se por dez anos. Ele foi resistindo e a gente foi vencendo. Em 1994, meu filho recebeu em transplante um rim do pai; em 2000, passou por outro transplante renal, até que vencemos e ele ficou curado.

Devemos cuidar dos nossos relacionamentos

Em primeiro lugar, o grande alerta nessa história é que temos de tomar cuidado com quem nos relacionamos. A Bíblia diz pra sermos astutos e espertos como uma serpente e simples como uma pomba. Às vezes, a ingenuidade é mais destruidora do que tudo. Não podemos ser ingênuos em relação às intenções das pessoas que nos rodeiam, não podemos abrir tanto nossos sonhos. Cuidado com seus tesouros, seu coração; não abra tudo de tal forma que fique fácil levarem tudo. Precisamos ser mais prudentes nos relacionamentos, mesmo que as pessoas sejam aparentemente muito boas.

Cultive os verdadeiros amigos de Deus

Em segundo lugar, você precisa ter amigos que são verdadeiramente amigos de Deus. Eles não tiram, não arrancam; têm um olhar bondoso, longânime, compreensivo, amoroso. Eles têm domínio próprio, não são invasivos, preservam e cuidam. Seja amigo de quem é amigo de Deus. Quem você conhece que tem essas características? Algumas pessoas só querem sugar, destruir e falar mal pelas costas. Tenha cuidado!

A culpa não é sua

O terceiro ponto é que o dia bom e o dia mau acontecem pra todo mundo; isso não está atrelado ao que você fez de bom ou mau. O mal vem pra todo mundo e você precisa estar preparado pra este dia sem entrar em acusação. Tudo tem um propósito. Aquela situação fez com que eu amadurecesse. Conheci um lado horroroso do ser humano, que eu não conhecia, mas aquilo me ajudou a me relacionar melhor, sem perder a fé que tenho nas pessoas, no meu ministério. Gosto de gente, gosto de me relacionar.

Sofrimento maior significa conquista maior

Em quarto lugar, temos de perceber que as coisas boas não chamam tanto a atenção, mas as coisas ruins e como você as enfrenta chamam muito. Às vezes, Deus deixa que coisas ruins aconteçam com pessoas de sua confiança pra que todos vejam como você está andando na fornalha. E isso diz muito mais do que seu sucesso, prega muito mais, prova muito mais que você é amado. Só fica em pé, andando em liberdade e feliz dentro de uma fornalha, quem está com Jesus. Se ele não estiver lá, andando junto, a pessoa morre. Isso explica por que as pessoas tidas como santas e mártires tiveram de passar por coisas maiores. Elas também tiveram conquistas maiores.

Reequilibre-se com Deus

Em quinto lugar: quando você estiver descompensado, abalado, não se exponha sob pretexto nenhum. Perca um dia de trabalho e vá ficar com Deus. Não vá àquela festa. Vá à igreja e receba oração. Não se deixe levar por apelo nenhum. Você precisa se cuidar com Deus pra se reequilibrar. Está extremamente fragilizado e pode machucar outras pessoas, porém o mais machucado será você. E terá atitudes que normalmente não teria, até pra se proteger.

O mal não dura pra sempre

Quando você está passando por dias como esses, não fique pasmo nem se espante com más notícias. Por piores que sejam, são só notícias. Isso não quer dizer que não possam mudar em dez minutos ou daqui a alguns anos.

Não se revolte contra Deus

E nem se compare com quem é pior do que você e está "tão bem". Se, em vez de ficar revoltado contra Deus, você se apegar a ele, vai receber uma fé maravilhosa, que o protegerá e ajudará a cumprir sua missão. Ajudará a enfrentar o dia mau sem se deixar machucar pelo que fazem ou falam nesse processo, mesmo que haja a intenção de ferir ou desanimar você. Podem falar o que quiserem — sua fé fala o contrário, e é ela que comanda sua vida. Não é o que você vê, e sim em que você crê.

A fé em Deus nos protege. A fé na Palavra de Deus, de que tudo vai cooperar pro bem, segundo o propósito dele, vai manter você de pé. Sua verdade está em Deus, de onde você recebe força de fé, e esse é o segredo pra vencer. Essa fé que nasce em Deus vence o mundo. Depois de passados os choros, as dores, as mágoas, dê graças a Deus por ter livrado sua vida daquelas pessoas. Você vai ficar até com raiva de não ter enxergado como elas eram antes.

Posso dizer que de tudo isso aprendi bastante, fora a dor de ver quem você ama sofrendo e simplesmente ser obrigada a olhar e esperar, lembrando que a melhor forma de esperar em Deus é em silêncio. Aprendi também que não adianta se justificar pra quem não quer entender. Pois quem fala mal de você, ao ouvir ou saber de suas justificativas, só terá mais uma história pra manipular e continuar contando. Quanto mais você se explicar, mais argumento ele vai ter. Aprendi que a vingança pertence ao Senhor e que a melhor vingança não é ver o outro, aquele que fez mal a você, *estourado*. A melhor vingança é ser honrada.

Dá pra viver de bem com a vida em toda e qualquer situação. A palavra que me sustentou naquele momento foi Filipenses 4:12: "Sei o que é passar necessidade e sei o que é ter fartura. Aprendi o segredo de viver em toda e qualquer situação, seja bem alimentado, seja com fome, tendo muito, ou passando necessidade." Sempre recordo o exemplo do apóstolo Paulo quando fala de tudo por que já havia passado — humilhações e honras, fartura e fome, abundância e escassez —, mas que nada disso era importante, se havia a fortaleza vinda de Deus. Eu falei: "Se o apóstolo Paulo aprendeu, então eu também quero que o Senhor me ensine a viver de bem com a vida em toda e qualquer situação e a conseguir aquilo que tenho certeza de que não consigo sozinha. Vem e me fortalece."

Assim nasceu o nome "De bem com a vida" em meio àquela situação de tanta dor, traição, infidelidade e ingratidão. O que eu desejo? É que você também se abra pra ser ensinado e possa, em toda e qualquer situação, viver assim.

Capítulo 9

Deixe esse rio te levar...

Eu tinha um sonho antigo, desde o tempo de namoro: conhecer o rio Amazonas, a cidade de Manaus, andar de barco, ver o encontro das águas do rio Negro com o Solimões... Ah! Queria conhecer tudo! Quando ainda namorava o Estevam, ele foi a Manaus, onde, com dois outros moços, realizou uma grande campanha evangelística, uma experiência marcante em sua vida. Ele também passeou de barco pelo rio Amazonas e voltou da viagem me contando tudo o que viu. Contou que foi orar num leprosário ao qual só se chega de barco. Uma viagem literalmente sobrenatural, onde viu a mão de Deus agindo de forma maravilhosa, pois aconteceram milagres poderosos, portas incríveis se abriram pra ele numa confirmação de Deus de sua missão aqui na Terra.

Muito tempo depois, ele retornou a Manaus várias vezes a trabalho, e sempre que voltava de lá, me contava sobre alguma peculiaridade que só existe ali e que o havia impressionado, o que contribuía somente pra aumentar minha vontade de conhecer a cidade. Após suas narrativas, fazíamos planos de irmos juntos, de levarmos as crianças, mas com a saudável, maravilhosa e gratificante correria de nosso dia a dia, acabava ficando somente nos planos.

Passados muitos anos, e não faz muito tempo, fui convidada a ser oradora num enorme Congresso de Mulheres, juntamente com o Renascer Praise. Apesar de estar com a agenda bem carregada e atravessar um período bastante complicado, em que seria difícil ausentar-me por diversas razões, o convite veio de alguém que amamos e por quem sentimos muita gratidão. Depois de orar a respeito e fazer alguns ajustes, meu marido — que aprova ou não cada compromisso da minha agenda, diga-se de passagem — confirmou minha presença, o que me deixou muito feliz.

Há certos lugares aos quais já fui muitas vezes, e mesmo assim não me sinto confortável em dizer que os conheço porque, na realidade, só conheço o aeroporto, o hotel (geralmente, nem do nome me lembro) e a igreja, o ginásio, o estádio; enfim, o lugar onde vou pregar. Mas, daquela vez, pedi a minha secretária que tentasse encaixar um passeio também pelo rio Amazonas, nem que fosse só pra ver o encontro das águas do rio Solimões com as do rio Negro.

Como nunca peço nada nesse sentido, seu empenho foi bem grande e ela acabou por descobrir que havia uma pessoa de nossa igreja mesmo, pois também tem Renascer em Manaus, que possuía um verdadeiro iate, maravilhoso, e que estava disponível pra aquele passeio, entre uma palestra e outra. Tudo de bom! Eu realizaria o sonho de um dia estar em Manaus, ver o encontro das águas e ainda ministrar pra mulheres, algo que amo, assim como estar com o Renascer Praise, reconhecido como um dos melhores grupos musicais gospel do mundo. Realmente um presente de Deus.

Já era fim de tarde quando cheguei a Manaus. Mesmo assim, ao abrir as cortinas do quarto do hotel em que me hospedei, pude ver que estava às margens do rio, um grande rio, que julguei ser o Amazonas. Logo liguei pro meu marido e desatei a falar:

— Amor, você nem imagina. Estou aqui num hotel às margens do Amazonas, é lindo demais, emocionante. Falaram que agora é tempo de seca, e que o rio está bem recuado, mas mesmo assim é muita água. É Deus mostrando sua grandeza.

Ao ouvir meu entusiasmo, ele também se alegrou e falou:

— É mesmo, querida? Que bom! Em que hotel você está? No Tropical?

— Não sei — respondi.

Procurei dar uma olhada nos papéis e envelopes do hotel porque, como sempre, nem havia prestado atenção no nome. Enfim, achei um cardápio que continha o nome. Park alguma coisa. Depois descobri que realmente era o Tropical e aquela torre era uma nova ala chamada Park Hotel. Ai, ai. Desliguei o telefone, tomei um banho e tirei um tempo de oração, preparando-me pra reunião da noite, em que pregaria.

A reunião foi maravilhosa, um momento muito especial. Tudo foi marcado pela presença e pelo amor de Deus, desde a maneira como fui recebida. Muitas mulheres vieram me dar testemunhos e contar sobre bênçãos que alcançaram com os programas que tenho há anos na Rede Gospel de rádio e tevê, e ainda pude ver, no fim, muitas pessoas sendo milagrosamente curadas.

Mesmo há anos ministrando e pregando, posso dizer que cada oportunidade que tenho de transmitir a palavra de Deus, pros mais variados públicos aqui e pelo mundo afora, é única. Sempre existem características e manifestações que surpreendem por seus detalhes, pelo cuidado e amor pra cada grupo de pessoas, sejam poucas ou milhões, numa sala, em um chá, num grande estádio ou numa Marcha para Jesus.

Realmente é um privilégio ser escolhida não só como palestrante, mas principalmente pra levar uma palavra, repartir experiências, orar, ensinar e ver o que, com amor e dedicação, nos preparamos e fomos preparados por Deus pra ministrar, mudando histórias de vida, dezenas, centenas, milhares e, muitas vezes, milhões de pessoas, tratando cada uma como se fosse a única naquele lugar. E aquela noite foi assim, sobrenaturalmente maravilhosa, assim como a manhã seguinte.

É impressionante: sempre é uma surpresa, algo maravilhoso e divinamente único. Impossível de ser repetido, ainda que preguemos a mesma coisa pro mesmo público. Sempre há algo novo a ser visto e vivido. Eu amo ser um instrumento de Deus pra que outras pessoas sejam abençoadas, curadas, transformadas. É maravilhoso ter vida pra ser uma bênção a outros.

Após o culto, o pessoal da Renascer já estava lá pra me pegar, pois o almoço também seria no barco. Quer dizer, iate! Deslumbrante, com garçom e tudo a que tinha direito. Logo ao entrar, descobri que aquele não era o rio Amazonas nem o

Solimões, como eu havia pensado, mas o rio Negro. "Ai, Sonia! Como é que foi esquecer que Manaus é banhada pelo rio Negro, e não pelo Amazonas? E as aulas de Geografia, nas quais você era tão boa?" Bem, o importante era curtir tudo e deixar pra lá detalhezinhos que só servem pra azedar o que está tão bom.

Andando ainda pelo rio Negro, admirando sua beleza, não conseguia entender por que o chamavam assim, se pra mim as águas pareciam tão claras e límpidas. Isso até eu chegar no ponto em que suas águas se encontram com as do Solimões, formando o Amazonas.

Impressionante. Tudo ali era água, e muita água. Tanta que quase não se podia enxergar as margens ao lado. Pra frente e pra trás, então, esquece! Só água mesmo. Um espetáculo maravilhoso, deslumbrante.

A natureza fala muito comigo em todas as suas expressões e manifestações. Pra mim, parece que tudo na natureza tem a voz do Deus Criador: grande, criativo, insondável, imensurável, indescritível e, ao mesmo tempo, tão meu, tão amoroso e cuidadoso em seus detalhes. É deslumbrante e, ao mesmo tempo, intrigante ver o encontro das águas do rio Negro com o Solimões. É nítido e claro qual é um e outro porque a água que até então julgava ser límpida e clara, na realidade, é escura, ou melhor, negra ao se deparar com as verdadeiramente límpidas e claras do Solimões.

Impressionante ainda é que o rio Negro é o maior dos afluentes do Amazonas, que ajuda a formar quando se junta com o Solimões, e só perde em volume de águas pro próprio

Amazonas. E mais: entre seus principais afluentes está o rio Branco. Que loucura!

Não foi só isso que me intrigou:

1. Como é que pode alguém estar no rio Negro e achar que as águas são claras e límpidas?

2. Como é que pode alguém confundir o grande rio Negro com o "todo-poderoso" Amazonas, o maior rio do mundo?

3. Como é que pode o rio Negro se tornar afluente e colaborador pra formação do Amazonas juntamente com o Solimões, já que ele não tem nada a ver nem com o Solimões que é, esse sim, claro e límpido?

4. Como é que pode sair do rio Negro um rio Branco?

5. Como é que pode dois rios, ocupando a mesma área, serem tão diferentes a ponto de não haver dúvidas sobre como distingui-los, pois estão delimitados em cada mínima fração de milímetro?

Fiquei pensando em tudo isso, e também tirando inúmeras fotos, saboreando na sala de jantar do iate um delicioso tambaqui ao forno com batatas e legumes, sem contar um caldo de peixe também saborosíssimo, parecido com o que chamamos aqui, no sul do país, de pirão, e a farofa de lá, que é diferente, bem amarela e com grãos mais grossos, mas também imperdível, em meio a pessoas queridas — sabe aquelas que têm tudo a ver com a gente? Pois é...

Naquele ambiente de amizade, alegria e música (começamos a cantar e a louvar no mais genuíno estilo Renascer Praise) é que começou a vir à minha mente a luz suave e, ao mesmo tempo, intensa, penetrante e forte que a tudo responde, ilumina e esclarece, dizendo assim:

> Você sabe que a natureza proclama a minha glória, não é mesmo? Também uso a natureza pra falar de mim! Vou começar a responder a cada um de seus questionamentos de tal forma que você entenderá claramente por que preparei só agora um momento pra que possa estar aqui, vivendo algo que desejava há anos. Em primeiro lugar, sabe como é que pode alguém achar que as águas do rio Negro são claras e límpidas? Ficará fácil de entender porque você conhece e sabe que há muitas pessoas que vivem em meio a um "rio Negro" e acham que estão na luz.
>
> Quando a luz, ou seja, a maneira como você enxerga e entende a vida são trevas, realmente está vivendo pra se destruir e se colocando pra destruir os outros, por vezes sem perceber, achando tudo muito natural. Outras vezes, voluntariamente, só dando continuidade a toda sorte de uso e abuso que já fizeram contra você, inclusive em nome do "amor".

Outro rio Negro

No exato momento em que estava escrevendo este capítulo, justamente neste ponto, estava no avião viajando pra Salvador, onde, sentada ao lado de um casal de jovens bonitos, daqueles que chamam a atenção, após orar, resolvi abrir a Bíblia, minha melhor amiga, e comecei a ler e meditar enquanto o avião decolava. Logo em seguida, tentei fechar os olhos e descansar, preparando-me pra noite, pois sabia que precisaria estar o mais descansada possível pra ministrar. Ficou só na intenção.

Descobri que o casal, na realidade, eram dois amigos que não se encontravam há muito tempo, por isso começaram a colocar o assunto em dia, falando descontraidamente e num tom que mesmo com um bebê chorando do outro lado da fileira e eu querendo dormir, não dava pra deixar de escutá-los.

Comentaram suas aventuras, o que tinham feito e vivido nesse intervalo em que ficaram sem se ver. O que falavam com a maior naturalidade era tão horripilante que estava a ponto de pedir se poderiam fazer a gentileza de conversar pelo menos um pouco mais baixo. Descreviam suas múltiplas e simultâneas relações sexuais em detalhes que, sinceramente, me espantavam. Falavam do que tinham causado de uma só vez a um grupo de pessoas e como tinham *azarado* e também se *azarado*, descrevendo o que exatamente era isso.

Fiquei chocada. Moços bonitos, saudáveis, bem-vestidos e, ao mesmo tempo, atolados, sujos, destruídos, porque a boca só fala do que está cheio o coração.

Não sou em nada preconceituosa, e também por tratar com muita gente, já ouvi de tudo, mas em segredo de confissão. Assim, em voz alta, como se estivessem descrevendo um ponto turístico em que haviam estado ou visitado, e ainda mostrando imagens filmadas em celular como se mostra fotos da família ou de lugares legais por onde você já passou, era a primeira vez.

Geralmente, as pessoas que tiveram experiências como as deles nos procuram meio envergonhadas, contando o que viveram, na ânsia, inclusive, de se verem livres de tudo aquilo, das imagens, dos desejos e, principalmente, das recordações. Quando você faz parte de um grupo cujos valores como família, respeito próprio e respeito pelo outro não podem ser vistos por causa das trevas que envolvem tudo, parece que o errado é certo e o absurdo é normal. A mente acaba se corrompendo e rejeitando pessoas que buscam por família, por amor cuidadoso, que invistam ou que pratiquem a fidelidade. Quem é assim paga o preço de ceder em seus desejos, de insistir e não abrir mão de seus relacionamentos, mesmo passando por fases difíceis!

Como já comentei, aqueles jovens estavam bem-vestidos, óculos e bolsa das grifes mais badaladas, bonitos. Só de olhar não daria pra imaginar o quanto estavam perdidos, marcados por desprezo, traição, falsidade, a ponto de abrirem mão de seus sonhos, seus desejos e, sem perceber, tornarem-se iguais e até mesmo piores do que aqueles que os tinham machucado e feito deles "cidadãos do rio Negro".

O que saía da boca deles, de forma tão natural, como se estivessem respirando, eram trevas. Uma busca de prazer, de sentido pra viver, de autoafirmação. Uma insatisfação mesmo em meio a tudo o que julgavam ser bom, possuindo condição pra viver o melhor, sem, contudo, ter alcançado algo de que pudessem falar um ao outro que realmente valesse a pena. Tinham se deixado levar e transformar pela busca do prazer, do grande amor, a ponto de perderem o controle da situação, e agora serem controlados e dominados pela correnteza daquele "rio Negro".

Em certo ponto da conversa, tanto o moço quanto a moça assumiram que foram tantas as loucuras que a cidade de Salvador se tornara pequena pra ambos, por isso não moravam mais na cidade de que sempre gostaram e pra qual estavam voltando em busca, talvez, de algo que um dia foram e agora não eram mais. Por isso, cada um tinha procurado lugares e pessoas pra estar que não os acusassem ou impedissem de continuar sendo e fazendo o que se tornou... no mínimo, triste.

Pior do que ser agredido, ferido, traído ou usado é tornar-se igual a tudo isso. Quando acontece essa contaminação destruidora, que acaba por imprimir um novo caráter que, alimentado pela sede de vingança ou pelo despeito, transforma o que era puro, uma brincadeira e um sonho adolescente, numa maneira doentia de viver, realmente isso significa estar nas trevas e achar que está na luz. É estar tomado e transformado pelo que destrói e afasta do que pode resgatar: família, saúde, Deus!

Precisamos ter muito cuidado pra não respondermos ao mal com o mal. Aquele que nos fez o mal está tomado por ele, pois cada um só fala e expressa sobre o que preenche o seu coração. Na maioria dos casos, não é a situação do agredido, e, se ele se deixar tomar por todo o mal que o feriu e replicá-lo da mesma maneira, tenha certeza de que se verá praticando o que tanto o machucou. É pior do que ser machucado!

Também prevendo isso é que Deus, em seu amor e sua presciência, reclama pra si o direito de exercer a justiça — pra nos preservar e curar de tal forma que o mal que nos causaram não tenha poder sobre nosso emocional e nem sobre nossa psique.

Além disso, a pessoa que se colocou como agente do mal pra nos destruir, mais dia, menos dia, vai colher o que plantou.

Em momento algum do diálogo, que continuava a ter como fundo o choro da criança mimada e sem limites (que agora, além de chorar, estava golpeando o pai), os jovens mostraram ter conseguido, com o que assumiram como estilo de vida, algo que realmente os preenchesse. Na verdade, após terem compartilhado suas insanidades, entraram numa nostalgia, lembrando-se de quando tinham sonhos e se sentiam apaixonados, de seus namoros, dos dias em que saíam em turma e iam até a praia. E também de como tudo aquilo hoje ficou tão distante, somado à solidão e à falta de perspectiva de futuro.

Eles hoje se identificam e têm em comum o fato de se deixarem levar e conduzir pela mesma correnteza de um rio nojento que, pelo fato de hoje ter se tornado o seu ambiente, não se davam conta de quanto era repugnante só de ouvir. Estavam tão tomados por aquela maneira insana de viver que a achavam natural, normal, por isso a tratavam daquela forma, como se também os que, sem opção como eu, os ouvia, vivessem e fossem como eles.

Isso acontece quando as trevas deixam de ser nosso exterior, por um período, num momento de engano, pra se tornar o nosso interior, onde vontades, desejos, raciocínios e entendimentos da vida se processam. Aquela maneira absurda, insana, nojenta, desprovida de amor e respeito próprio passara a ser o *habitat* natural deles agora, e, pelo visto, pretendiam se aprofundar naquela escuridão ou, no mínimo, continuar nela.

Apesar de terem toda a condição humana de viver relacionamentos saudáveis e recompensadores, agora faziam parte de uma sociedade de "escravos" de um prazer destruidor e doentio por terem se deixado levar de forma irresponsável, sem nada pra se proteger, abrindo mão de seus valores como se fosse fácil depois resgatá-los ou viver sem eles.

Tornar-se um "cidadão do rio negro" não foi a opção deles — na verdade, acabou por ser a consequência da busca nada inteligente do prazer de viver, o que os levou a experiências intensas, agressivas, desfocadas, que agora roubavam também a capacidade de escolher por estarem totalmente dominados e transformados por elas. Entendi que se tratava de uma daquelas "coincidências", algo que aconteceu pra que eu pudesse descrever melhor o engano que é achar que as trevas são luz.

Estar na mesma fileira, na cadeira ao lado, dentro de um avião que nos estava levando pro mesmo lugar, não significava que eu tinha alguma coisa a ver com tudo aquilo. Apesar de ter sido reconhecida como pastora por um comissário que também frequenta a igreja e tem sido abençoado, isso aconteceu antes de os dois amigos chegarem e ocuparem os assentos. Ou seja, nem se pode dizer que, por diversão, resolveram descrever as maiores barbaridades que poderiam inventar apenas pra verem qual seria minha reação. Não foi o caso porque já entraram no avião conversando em voz alta, e só continuaram o que estavam conversando, após identificarem seus assentos ao meu lado.

Já no fim da viagem, após sua intensa narrativa, o moço acabou dormindo, até porque tudo o que ele fez e aprontou não trouxe nenhum resultado que pudesse levar a conversa adiante.

Buscando saber um pouco mais sobre o rio Negro, acabei por descobrir que suas águas têm um nível de acidez mais elevado do que as águas brancas. Levados pela "corrente" do outro "rio negro", muitas pessoas falam a todos sobre sua vida como se isso fosse algo admirável ou absolutamente normal. E mais: ainda acham que as pessoas que não são como eles é que não têm nada a ver. Afinal, são capa de revistas, conhecem um monte de gente.

Às vezes, até se levantam como ícones em meio a uma sociedade deteriorada em seus valores, em que verdade, fidelidade e amor se transformaram em frases e conceitos vazios, teorias, cursos, livros e até mesmo religiões que visam somente a uma coisa: manter tudo debaixo do controle desse reino de trevas. O maior valor está no que se tem, materialmente falando, ou no "sucesso" alcançado. Ou no prazer, mesmo que seja fruto da própria destruição ou de seus lares, da exploração de inocentes, da traição e do roubo de quem um dia os acolheu, confiou e ajudou. Ou ainda da sede insaciável de estar em evidência, considerado e admirado pelo que se tem, não importa como foi conquistado, e não pelo que se é — porque, na realidade, não são nada!

Eles têm certeza absoluta de que aquilo que estão pensando, sentindo e praticando é o correto, pois isso garante seus prazeres, seus desejos imediatos, sejam a bolsa, as joias, as viagens, os carros, os cargos ou mesmo a satisfação de um prazer que "pintou na hora". Coisas boas de que todo mundo gosta, porém conquistadas com atitudes e comportamentos que não só os maculam e destroem, como a também a todas as outras pessoas que, nesse processo, são envolvidas: os "melhores amigos", "verdadeiros irmãos", pais, filhos, o "amor de sua vida", a esposa, o marido. São nomes que têm poder sobre o emocional, mas em nada se assemelham ao que de fato representam, pois acabam sendo meros *apelidos* atribuídos indiscriminadamente a quem interessa, ou seja, a quem vai, de alguma forma, contribuir pros seus interesses, pois seus deuses são eles mesmos. Tudo o que traga glória e prazer a eles e somente a eles.

Pessoas assim vivem como bêbados, buscando e clamando pelo amor. No entanto, por estarem embriagadas pelo ambiente em que vivem, acabam dependentes de vícios, o que as impede de enxergar a verdadeira fonte do amor onde podem saciar sua sede sem se embriagar. Elas se destroem e machucam os que verdadeiramente as amam, e ainda se tornam iguais, e até piores, se comparadas aos que um dia as feriram.

Respostas

Bem, respondendo aos meus "como é que pode?":

1. Quando falta conhecimento do que é luz e do quanto ela é maior e melhor, as trevas acabam sendo a luz e a pessoa ainda se acha limpa, acha que está certa ou até que simplesmente é normal como todo mundo. O fato de termos nos perdido em certo ponto de nossa caminhada não justifica a condição de continuarmos num caminho que, comprovadamente, não nos leva a lugar nenhum; ao contrário, subtrai ao que somos.

Isso muitas vezes acontece quando, por algum motivo, a pessoa se distancia da prática e do estudo do que a faria se identificar *de cara* e se deixa fascinar pela beleza e pelo encantamento do novo somado ao desejo de viver um sonho guardado por muito tempo. Ou seja, a euforia e o coração a enganaram.

Esse engano faz com que você perca sua capacidade de avaliação, de decisão, sua autoestima, seu foco e seus objetivos, tornando-se refém do presente, agindo de acordo com as circunstâncias do hoje, com o que você enxerga agora, e não com o que aquilo vai gerar amanhã. O futuro de cada um de nós começa com nossas atitudes e decisões de hoje!

Ainda há uma terceira condição que acaba por fazer com que a pessoa, sem perceber, faça da escuridão e da amargura a sua maneira de pensar e agir, pois está totalmente dominada pelo desejo de vingança ou de inveja. Isso age em seu emocional como um delicioso vinho que, ingerido todos os dias, atinge doses tão altas que entorpece, embebeda e faz com que planeje, aja e viva pra que outra pessoa seja destruída. Pra resumir, a pessoa prefere se tornar mentirosa, caluniadora, manipuladora e até mesmo assassina antes de perdoar. Está completamente dominada pelo álcool do vinho que a atraiu pelo sabor, mas que hoje é seu gestor.

2. Outra coisa é a baixa autoestima, a falta de autoconhecimento, assim como de Deus e de sua grandeza, o medo de assumir uma postura que o diferencie em seu posicionamento — ainda mais quando isso implica, num primeiro momento, perder, ou seja, abrir mão de *status* e dos "amigos". Isso faz com que as pessoas fiquem reféns das opiniões de outros, do que "todos vão dizer" e até mesmo do estado de conforto e acomodação, apesar de terem, pra isso, que se violentar, ser cruéis, desumanas, desonestas, ingratas. Deixam de ser elas mesmas, abrem mão de seus valores e suas convicções pra assim serem aceitas por um grupo que admiram pelo que os outros têm, e não pelo que são.

Pra isso, renegam e abandonam pessoas, sonhos, projetos, planos de vida, pois agora se tornaram reféns da opinião, da aprovação desse tal grupo ou de determinada pessoa que se tornou seu "deus". Na ânsia de agradá-la, se desfazem daquilo que, muitas vezes, nunca mais terão oportunidade de ter. Por estarem completamente enfeitiçadas, jogam fora, sem atinar, a família, o amor próprio. Desprezam tudo o que possa envergonhá-las, mesmo que, pra isso, tenham de difamar quem as ajudou.

A pessoa fascinada perde sua autoestima e poder de avaliação; torna-se cativa tanto da imagem que adora quanto da imagem que tem de si, não acreditando poder viver sem seu ídolo. Por essa razão, está aberta pra cometer as maiores atrocidades contra si e contra os outros. É por isso que vemos homens e mulheres transformando-se em bombas, matando-se e também machucando os outros. Suas atitudes são sujas, degradantes, autodestrutivas, mas as tornam participantes do grupo que admiram pelo *status* ou *amadas* pelos seus ídolos. Nessa forma doentia e pobre de viver, justificam suas atitudes desprovidas de qualquer mínimo cuidado consigo, constrangedoras e cruéis, por serem bonitas de se ver.

3. Quando se conhece a luz, a paz, o amor e a condição que Deus nos proporciona de viver uma nova vida, podemos reescrever nossa história, reprogramar nossa mente, nosso entendimento, nossos sentimentos. Podemos lutar por intermédio de Jesus, da vitória que ele conquistou sobre a própria morte, nos deixando seu Espírito pra que enfrentássemos e lutássemos contra o impossível.

A partir do momento em que nos abrimos pra corrigir a rota, mudar a história, aprender novamente a nos amar e a estar bem conosco, com o que temos, com o que somos e com Deus, podemos ver todas as águas e situações de uma história de vida negra serem transformadas em luz, num tempo muito maior e melhor.

Quando se faz parte do "rio negro", parece realmente impossível ter disposição e abertura pra mudar, pra aprender a viver de outra maneira, entregar a vida pra que aquele que nos deu a conserte, oriente, organize, renove. Daí o grande rio Negro poder se juntar com o Solimões e cooperar pra formação do maior rio do mundo: o Amazonas!

Depende muito do que você vai fazer com tudo de ruim, de mau, de destruidor que aconteceu. Não se deixe tomar pelo mal, antes, vença-o com o bem, e um futuro lindo, maravilhoso, grandioso se manifestará em sua vida de tal forma que será impossível não reconhecer a mão e o amor de Deus agindo em sua vida, mudando sua história e levantando-a como uma grande referência de que nada é impossível. É só deixá-lo conduzir sua vida.

4. Um rio branco pode sair de um rio negro e até mesmo ser identificado como um de seus principais afluentes, assim como o filho de um alcoólico, de um bandido, de uma mulher irresponsável pode resgatar seu valor. Apesar de ter sua origem na desolação, não se deixa guiar nem se entrega a ela; ao contrário, a usa como referencial de tudo o que não deve ser ou viver. Na força de Deus, escreve uma nova história que não tem nada a ver com sua origem.

Tudo é possível ao que se apega e crê em Deus! A natureza está nos falando que, seja qual for o seu passado ou sua atual situação, você precisa tomar algumas iniciativas.

Buscar na Fonte da vida, Deus, o seu caminho

A Palavra dele permanece a mesma, orientando e transformando todos aqueles que se abrem pra fazer dela a sua verdade e praticá-la. Isso é algo que adquirimos quando nos dispomos a ouvi-la e, com todo o coração em fé, agir e em tudo nos deixar moldar por ela. Essa atitude realmente faz com que o período de trevas seja apenas uma fase de nossa vida, que, por sinal, se torna pequena em comparação com o grande Deus no qual passamos a viver.

Dizer que todos os caminhos levam a Deus é o mesmo que dizer que todas as estradas nos levam a São Paulo! Realmente, um absurdo!

Por isso a Palavra, ou seja, a Bíblia perseguida, discriminada, já por alguns atacada com intuito de eliminá-la, diz que o caminho é Jesus, e aquele que anda por ele nem em sua loucura vai errar!

Dispor-se a andar com os que são da luz, como o rio Negro se junta com o Solimões

Na prática, é participar de uma igreja, recebendo a Palavra, o poder que transforma, pra se tornar um com aqueles que são assumidamente da luz, como o rio Negro se junta ao Solimões.

Ao chegarmos, somos nitidamente diferentes, com tantas situações que deixaram nosso interior cheio de mágoas, rancores, ódios, dores; mas, andando juntos, sem oferecer resistência, nos abrimos pra transformação, até porque reconhecemos que existe uma luz que não temos. Deixamos de ser e carregar trevas em nosso interior pra fazer parte do maior poder que existe, que é o poder do amor de Deus, demonstrado na doação de seu único filho Jesus pra que todo aquele que se aproxime dele deixe de ser trevas e se transforme em luz.

Podemos, então, concluir que Deus é poderoso pra transformar maldição em bênção, pra nos dar um tempo novo tão grandioso e maravilhoso, que o tempo de trevas se torna águas passadas. Só nos serve de testemunho de como éramos e como somos agora. A fé que nasce de Deus e do poder transformador e vitorioso que há no sacrifício de Jesus vence toda escuridão e trevas, e nos transforma em luz!

Quanto à luz, o Reino da Luz, os que estão em trevas não conseguem nem enxergar; ela ofusca seus olhos e eles precisam fugir, esconder-se. Sentem ódio, falam mal, dizem que a sujeira deles está nos da luz, e não neles, porque os da luz mostram toda a sujeira e podridão da qual estão impregnados.

No entanto, isso e tudo o mais que vier não impede os que são da luz de vencer as trevas, pois o rio Negro acaba por se transformar em afluente do Amazonas, que tem águas claras e límpidas como as do Solimões.

Após ter ouvido e ser invadida pelo que chamam hoje "inteligência espiritual", fiquei sabendo que, apesar da diferença ser tão grande entre um rio e outro, isso não impede que os dois andem juntos e sejam transformados num só, com um só nome.

5. Dois rios tão diferentes em sua composição podem ocupar a mesma área e o mesmo lugar sem, contudo, se misturar, da mesma forma que aqueles dois jovens e eu estávamos ocupando a mesma fileira de assentos, compondo a tripulação daquele avião, sem em nada concordarmos quanto à maneira de viver.

Podemos, sim, viver numa família completamente destruída sem nos deixarmos destruir nem sermos continuadores da destruição da qual saímos. Se, como o rio Negro, nos deixarmos conduzir por Deus, veremos que tudo o que nos caracteriza como vergonhoso, repugnante, corrompido, que denigre e nos condiciona a uma baixa autoestima pode ser transformado se entregarmos a condução de nossa vida em fé pra cumprir os propósitos desse Deus maravilhoso aqui na Terra.

Aí então nossa vida, como o rio Amazonas, será levantada pra mostrar a grandiosidade e o poder de um Deus que não tem limites, pra nos ver transformados, honrados e por todos reconhecidos como fruto das mãos, do desejo e do poder que ele tem! Talvez haja áreas, fases, partes de sua vida que são como "rios negros", mas isso não quer dizer que você não possa ser transformado. Simplesmente não se conforme nem se esconda atrás disso pra justificar o que é ou está vivendo agora.

Que a luz de Deus possa invadir seu coração e mostrar que você pode ser diferente se, de todo o coração, se empenhar e buscar, se abrir pra ser transformado, vivendo agora em direção a Deus — não como um religioso que tem um título, mas como um rio caudaloso dirigido pelo Todo-Poderoso. Ele ordenará a sua bênção regeneradora, transformadora, milagrosa, que aquele que vê o rio Amazonas não pode imaginar que um dia ele foi formado pelo que hoje é só um de seus afluentes, o rio Negro; assim como aqueles que veem o rio Negro não podem imaginar nunca que um dia ele se unirá ao Amazonas.

Voltei do passeio, ministrei à noite no Congresso de Mulheres e foi melhor ainda, pois meu desejo e minha compreensão do que era estar vivendo nas trevas me trouxe uma compaixão e um empenho maior em ver transformação em cada uma daquelas mulheres (e homens também). Minha entrega pra que Deus pudesse me usar pra que cada um saísse de lá como o grandioso rio Amazonas foi ainda maior, e vi isso acontecendo por meio de milagres incríveis. Até hoje recebo testemunhos de como as trevas foram transformadas em luz a partir daquele congresso.

Eu quero muito continuar a ser dirigida pela correnteza do amor, da vontade, do poder redentor de Jesus, do poder transformador do Espírito Santo de Deus. Deixe-se também levar por esse rio de luz, vida e amor que é Jesus!

Capítulo 10

Dois bicudos não se beijam?

Dizem que dois bicudos não se beijam, não é? Mas eu posso dizer pra você que dois bicudos se beijam, sim! Depois que lixam o bico, é claro!

Porque, se for muito comprido o bico de um e de outro, a superfície de contato é muito pequena mesmo, e fica distante demais do coração. Então, a gente precisa ir lixando, lixando, lixando pra ter uma superfície de contato maior, pra que mexa, também, com o nosso coração. Isso envolve uma disposição de investir, lutar e acreditar na força do amor, do verdadeiro amor.

Pra que você viva um grande sonho de amor, é necessário que primeiro se apaixone por si. Verdade! Quem não tem um verdadeiro e maravilhoso "caso de amor" consigo acaba amando a pessoa errada, aquela que tem a ver com seus complexos, e não com seus sonhos. Ou se sente atraído por aquela que, aos seus olhos, tem tudo o que ele/ela não tem, e daí, já viu, vai virar um *capacho*, uma pessoa descaracterizada e anulada, dominada pelo outro porque nunca conseguiu enxergar seu valor e se amar.

Há ainda os que, além de não se amar, nem podem ouvir essa palavra porque tudo o que aprenderam e viveram em nome do amor só trouxe peso, dano e dor. Os outros só quiseram usá-los e manipulá-los sem considerá-los como pessoas. Esses, então, em nome do amor a si mesmos ou até do direito de viver, buscam pessoas pra amar, desde que sem o risco de um dia terem de assumir ou se comprometer com alguma coisa. Sabe aqueles que amam os que nunca vão alcançar? Amam aqueles que nunca vão se decidir, que ficam sempre protelando ou arrumando desculpas pra não se assumirem.

Pra todos os efeitos, o lugar já está ocupado. Se alguém aparecer pra querer envolvê-los ou despertá-los pra viver um verdadeiro e grande amor, não há espaço. O máximo que pode acontecer é uma "amizade colorida", que pode até envolver intimidades, mas fica bem longe de ser qualquer coisa que lembre compromisso.

Ai, o amor...

Quanto aos bicudos — por que não?

Se forem pessoas resolvidas, que sabem o que quer e pra onde vão, por que não? Talvez você já saiba de quais bicudos eu estou falando: o Estevam, meu marido, e eu! Quer saber como foi que aconteceu?

Conheci o Estevam quando tinha 12 anos de idade, quase 13. Foi meu primeiro e único namorado. Naquela época, já tinha passado da fase feia, gordinha, que foi dos 10 aos 12. Dos 10 anos pros 13 foi um grande salto. De feia, fiquei bonita. Com 13 anos, eu já estava magra. Era uma das meninas mais bonitas do colégio e também da igreja, do coral. Sempre fui muito estudiosa; desde cedo, me apaixonei por estudar, ler, conhecer. O Estevam, dono de um Q.I. elevadíssimo, basta apenas ouvir uma só vez e pronto, está gravado. Temos em comum a sede de conhecer, de saber, de dominar o que fazemos. Não somos em nada superficiais. Em tudo o que fazemos ou nos comprometemos, vamos fundo, buscamos a excelência.

Sempre trabalhei também, porém bem menos e mais descontraidamente do que o Estevam, que desde os 9 anos já tinha compromisso de trabalho com horário, salário e tudo. Posso dizer que em nossa casa nunca entrou nem comemos o pão da preguiça. Minha mãe trabalhava demais e, aos sábados, colocava todo mundo pra fazer faxina. Aos domingos, acordávamos, íamos pra igreja e almoçávamos fora. Depois do almoço, todo mundo dormia. Então, íamos pra igreja de novo, à noite.

Da mesma forma, os pais do Estevam sempre foram muito trabalhadores, também dos que não conheciam feriados ou fins de semana, porém sempre tiveram como sagrado o tempo destinado a Deus. Minha mãe (até pela carga de trabalho e pelas ocupações da semana, somada à bronquite asmática que a assolava), aos domingos, após termos almoçado em algum restaurante, voltava pra casa a fim de descansar para à noite irmos à igreja. Eu detestava dormir domingo à tarde, achava uma perda de tempo.

Naquela época, começou a trabalhar na minha casa uma moça que era de uma de nossas igrejas no sul do país e tinha vindo a São Paulo pra estudar e tentar uma vida melhor. Ela dizia que havia na igreja um moço lindo na reunião de jovens, que acontecia logo no domingo, quando tinha de deitar e dormir à tarde, sem sono. Certo dia, minha mãe me deixou acompanhá-la na tal reunião. Foi lá que vi o Estevam pela primeira vez. Achei-o lindo, de cabelo liso. Sempre pedi a Deus pra casar com alguém que dormisse e acordasse bonito, e pra isso precisava ter cabelo liso, o que, definitivamente, não era o meu caso. Sempre tive muito cabelo, porém crespo e armado. Acho que dá pra imaginar como acordava: daquele jeito! Pro cabelo ficar bom de manhã, só dormindo de bóbis ou de touca.

Também pedia a Deus alguém que fosse realizador, que soubesse conquistar. Estudei numa escola cheia de filhos de gente muito rica, e o que eles possuíam tinha sido construído pelo pai deles. Eu queria alguém que soubesse conquistar, porque quem sabe fazer isso sabe passar por todas as fases da vida. Ficava pensando: "O marido é o cabeça. Eu, como corpo, vou ter de fazer o que essa pessoa está pensando. Ah, vai ter de ser uma pessoa inteligente, mais inteligente do que eu, uma pessoa que me deixe de boca aberta."

Eu queria uma pessoa que fosse centrada — não sei se é porque meu pai é muito passional. Admiro muito meu pai, mas o lado passional dele sempre foi um estrago; perdeu muitas oportunidades em sua vida, fechou algumas portas grandes. Por isso, queria uma pessoa equilibrada, dona da situação e, acima de tudo, uma pessoa que amasse a Deus sobre todas as coisas, porque sabia que quem ama a Deus, mesmo que tenha vontade de fazer algumas coisas ou se sinta tentado, não o fará por dois motivos: porque a fidelidade pra ele é um valor e também pra não macular, de forma alguma, sua relação com Deus.

Quando vi Estevam pela primeira vez, ele usava calça branca e camiseta azul-marinho. Tinha um detalhe na ombreira da camiseta, umas estampas. Embora não soubesse que Deus estava formando em mim uma líder, até por causa da baixa autoestima que me perseguiu por muitos anos, queria alguém que se destacasse por enxergar mais longe, por ver o que ninguém via. Alguém que me fizesse sempre sonhar, que me desafiasse a ser melhor, a me desenvolver, e que amasse a Deus em primeiro lugar, que tivesse as coisas de Deus como prioridade em sua vida.

E também que fosse liberal, pois detesto gente mesquinha, miserável. Posso não ter muitas coisas, mas sempre tive prazer em repartir. Acho que aquele que não tem liberdade de dar é porque não tem capacidade de conquistar. Também nunca me associaria a pessoas fúteis, que precisam do *status* ou de marcas pra serem notadas e respeitadas. Isso pra mim sempre foi ausência de essência, então só resta mesmo a aparência. Como diria meu filho Gabriel que, entre outras coisas, também é cantor de rap: "Fake! Fake total!" Sempre prezei valores como verdade, honestidade, fidelidade, responsabilidade, gratidão, amizade, trabalho, família e comprometimento com Deus.

Ensaio de namoro

Então, voltando ao Estevam, naquela tarde de domingo, naquela reunião de jovens, o presidente da mocidade estava distribuindo papéis pra fazer uma pequena peça bem divertida. Estávamos num salãozinho, uma sala onde os jovens se reuniam. Ele me deu um papel pra que eu contracenasse com o Estevam. O nome do quadro que iríamos representar era "Casal feliz". Eram cenas engraçadas de um casal que terminavam com a mulher atirando um vaso na cabeça do marido. Claro que não era pra acertar, veja bem.

A partir daí, começamos a ensaiar nas tardes de sábado, o que era ótimo, porque eu escapava da faxina de minha mãe ou de ir à casa da minha avó preparar os pratos pro almoço de domingo, porque todo bom árabe sempre faz comida pra ninguém aguentar comer. Comida, na minha casa, sempre tinha de sobrar, e muita! Coisa de árabe.

Pro almoço de domingo, os preparativos começavam no sábado à tarde. Tinha de enrolar charuto de repolho, de folha de uva, quibe de bandeja recheado, quibe frito, esfirra fechada, esfirra aberta; era comida que não acabava mais. Minha avó cozinhava muito bem, mas não era exatamente o programa que eu achava maravilhoso.

Os ensaios da peça, então, vieram a calhar. Minha mãe ficava alegre porque eu ia à igreja ensaiar. À noite, havia os cultos da mocidade. Também alugávamos ônibus e íamos pras outras igrejas, e assim eram meus fins de semana. Entrei no coral e comecei a ensaiar. Descobri logo que todas as meninas do grupo gostavam de Estevam e já começavam a me olhar meio de lado, porque mal cheguei e já peguei um papel numa peça que era só ele e eu. Além do mais, eu tinha 12 anos, e elas, 17 ou 18.

Eu era uma criança e elas, já moças. Elas queriam acabar comigo — afinal, quem aquela menina irritante (eu) pensava que era?

Entre essas meninas, havia uma mais *saidinha*, e ele começou a se engraçar com ela. Certo dia, saímos todos com o coral. Ela sentou ao lado dele e começaram a namorar. Fiquei furiosa! Foi aí que percebi que também gostava dele e o queria pra mim, mas e agora? Os ensaios continuavam, e o namoro deles também, pra minha raiva.

Chegou o dia da festa, de apresentarmos o esquete que havia meses vínhamos ensaiando. A igreja estava movimentada e bem mais cheia de jovens do que o habitual. Assim como Estevam com sua *namoradinha* de mãos dadas. Ai, ai, ai... Não tive dúvidas: na hora da apresentação da peça, mirei bem a cabeça dele e taquei o vaso. Não acertou, mas passou perto. E pra aquela apresentação, enchi o vaso de água. A roupa dele ficou encharcada. Todo mundo gargalhou, mas ele ficou furioso comigo. O duro, depois, foi explicar. Pedi desculpas, corri com um pano pra tentar ajudá-lo a se enxugar, disse que, na verdade, quis fazer a cena da forma mais realista possível. Mas acabei afastando-o, em vez de aproximá-lo. Bicudos...

Logo depois, chegaram as férias e viajei pro Rio. Quando voltei, segundo ele, estava toda linda e bronzeada. Estevam, que já tinha desmanchado com a outra, começou a se interessar por mim. Certo dia, voltando da escola — eu estudava no Mackenzie —, o avistei no ponto de ônibus. Havia dois ônibus que eu podia pegar pra voltar pra casa: o Aeroporto era mais rápido e o outro, o Moema, levava umas duas horas. Mas foi no caminho desse ônibus que o vi. Por isso, todos os dias, só pegava esse ônibus pra poder vê-lo novamente.

Nessa época, já estávamos trabalhando juntos na secretaria de eventos da mocidade — ele era secretário e eu, a segunda secretária. Uma vez por semana, sem falta, arrumava algum motivo pra ligar pra ele. Poucas pessoas tinham telefone em casa naquela época, então eu ia até a loja da minha mãe só pra fazer a ligação. E vivia pegando aquele ônibus só pra vê-lo. Meu coração disparava. Pedia pra minha mãe orar por mim, era uma coisa! Eu nunca havia namorado, não sabia o que estava sentindo... Enquanto isso, os desencontros e os *foras* da bicuda aqui continuavam.

A fúria já havia passado, e os ventos pareciam ser favoráveis quando, num fim de semana, fomos convidados pra cantar em outra igreja. Quando isso acontecia, sempre alugávamos um ônibus e íamos todos fazendo a maior farra santa. Cantando, conversando, rindo, orando, muito bom. Estávamos todos conversando, as meninas sentadas naquele banco que fica atravessado e os garotos em pé, à nossa frente. Quando uma das meninas perguntou o que eu achava dele, estava todo mundo brincando, e eu nem percebi que a resposta seria levada tão a sério, por isso respondi, meio desdenhando: "Ele serve pra um dia de chuva." Falei na cara dele, que estava de pé bem na minha frente!

Mais um período de geladeira. Ele ficou muito bravo, ofendido, nem me cumprimentava mais. Mas no fim daquele ano houve um amigo secreto, e adivinhe quem ele tirou. Eu! Deu, como presente, uma bolsa de camurça preta, linda, com uns triângulos coloridos na parte da frente, o presente mais caro daquela brincadeira, totalmente fora do valor que tinha sido estipulado como máximo. E, assim, o gelo foi quebrado.

Participávamos de eventos juntos, organizávamos gincanas, saíamos em excursão pra outras cidades — sempre acompanhados da mocidade da igreja, inclusive de meu irmão e, posteriormente, da minha irmã também. Ele dizia que não queria namorar ninguém, que estava querendo conhecer mais a Deus, que estava focado nisso. Foi, pra mim, uma longa espera de quase um ano e meio, até que no dia 29 de abril de 1972 começamos a namorar. E sabe qual foi seu pedido de namoro pra mim?

— Namora comigo, que nós vamos ganhar o Brasil pra Jesus.

Fale a verdade: não tinha tudo a ver com o que eu pedia pra Deus? Inclusive cabelo liso, tipo japonês, e ainda olhos esverdeados. Posso dizer sem exagero: melhor que a encomenda!

O choro da noiva

Agora, um bicudo tem uma facilidade ímpar de provocar o outro.

Antes de entrar pra cantar num casamento, saímos pra conversar. Demos a volta no quarteirão da igreja com meu irmão andando atrás, é claro. Então, eu disse que ia namorar com ele, mas sério, direito, que comigo seria diferente dos seus outros namoros, e que ele tinha de pedir pro meu pai. Ele concordou com tudo e fomos ao casamento cantar já de mãos dadas.

Nesse casamento aconteceu uma coisa muito estranha: a noiva olhou pro coral e desabou a chorar. Ela chorou compulsivamente durante o casamento inteiro. E não era um choro normal, de noiva, era uma coisa estranha. Quando terminou o casamento, Estevam não queria cumprimentar a noiva de jeito nenhum. No fim, acabou concordando, mas quando chegou nossa vez, ele disse que ia ao banheiro e sumiu. Não entendi nada. Muito tempo depois, fiquei sabendo que ela era apaixonada por ele, que vivia na casa da minha sogra, que levava doces. Briguei com ele quando soube disso. "Por que não falou antes?" Sorte dele, pois eu teria terminado o namoro no dia em que começou. Ai, ai, ai...

Voltamos pra casa de mãos dadas no ônibus, com todo mundo sabendo. E meu irmão junto. Mais tarde, a *vela* passou pra minha irmã. Meus irmãos sempre gostaram muito de Estevam, se deram bem com ele, sempre o tiveram como um "irmão mais velho", até porque, acho, eu sou a irmã mais velha. Meu pai logo se identificou com ele! São-paulino como Estevam, agora tinha alguém pra acompanhá-lo ao estádio, já que meu irmão nunca foi entusiasta de futebol.

Enquanto isso, os dois bicudos, ele e eu, brigávamos de todos os jeitos. Apesar de termos alvos e objetivos comuns, de termos paixões comuns, os caminhos, as maneiras que achávamos pra vivê-los eram realmente diferentes, e é aí que o bico entra!

Nós terminamos por uma hora, um dia, um mês, por nove meses. Embora enxergando e buscando da vida o mesmo, a maneira como atuávamos era muito diferente. Por exemplo, sempre fomos apaixonados por música. Eu sempre estou cantarolando alguma coisa ou compondo, inventando. Na escola, pra decorar o que fosse, sempre fazia uma musiquinha e não dava outra: era dez na certa. Só que ele gostava de música contemporânea, curtia bandas, shows, e eu, de música clássica, com direito a orquestra, teatro, recitais e tudo o mais. Dá pra imaginar as crises? Um achava o outro ridículo por causa de suas escolhas musicais, e tome discussões e brigas, um tentando fazer o outro mudar, tirar o bico e ver quem podia mais. Pra nossa sorte, sempre vencia o amor.

Hoje gostamos de tudo. Eu virei roqueira, amo *black gospel* e também curto todo tipo de música, desde que seja boa e bem executada. Ele ficou mais exigente quanto à qualidade e aos arranjos musicais, até porque o instrumento que toca é o sax.

Quem ganhou? Os dois! A aliança nos enriqueceu, nos aperfeiçoou, nos fez mais felizes, mais completos, mais fortes, mais inteiros.

Nenhum dos dois enterrou seus sonhos. Agora buscamos, com a comunhão com Deus, sabedoria pra nos reinventarmos e, assim, podermos nos alegrar um com o outro, como também cooperar pra alegria e pra realização do parceiro. Quando, numa aliança, uma pessoa faz com que a outra enterre seus sonhos, está correndo sério perigo de ver os seus sonhos enterrados também. Perde aquele que luta pelo sonho e o outro, que se contenta em vê-lo enterrado.

Juntos, os integrantes de uma aliança formam uma terceira pessoa, a "pessoa da aliança". Esse é o segredo de dois serem um, uma só carne. Apesar de serem duas pessoas distintas, é impossível olhar pra um e não ver o outro.

Namoramos, por seis anos e meio, e já estamos casados há mais de trinta. Posso dizer que um de meus pedidos a Deus é que me conceda a graça de poder viver todos os dias de minha vida ao lado do meu "bicudo" querido, grande amor da minha vida, maior presente de Deus aqui na Terra pra mim.

Apesar de sermos vistos isoladamente como líderes, também é maravilhoso ver que as pessoas nos enxergam como uma só pessoa. Tanto que lanço um CD, um DVD, um livro ou o que seja e pedem um autógrafo pra ele. O mesmo acontece comigo quando é ele quem lança alguma coisa. Há situações, como os nossos aniversários, em que ambos ganhamos presentes. Parece que a maioria das pessoas fica constrangida em dar presentes a mim e não dar a ele, e vice-versa.

Podemos não só conviver, mas também estar em relação de aliança, misturados com alguém que tem o mesmo brilho, a mesma força, ou até maior. Isso acontece em determinadas circunstâncias:

1. Quando nos amamos, sabemos quem somos e queremos continuar sendo quem somos por amar ser o que somos. Por isso, podemos também amar pessoas bem-sucedidas, especiais, realizadoras, talentosas, e nos alegrarmos com suas vitórias.

2. Quando estamos livres de complexas cobranças absurdas em nosso interior; quando não somos carrascos de nós mesmos e vivemos debaixo da aprovação divina, o que nos traz segurança, alegria de viver. Por isso também podemos permitir que a pessoa que amamos desfrute a liberdade de ser mais feliz, e até ajudá-la a enxergar e aproveitar as oportunidades de ser mais feliz e realizada.

3. Quando entendemos como é maravilhoso estar em aliança com o diferente, pois isso nos fortalece em nossa fraqueza, assim como fortalece a quem você ama, o que traz o desejo de estar e realizar tudo junto, pois a recompensa e o prazer são maiores.

4. Quando nos abrimos pra entender, aprender, ceder, experimentar, sem querer convencer, mas no desejo de melhorar e, principalmente, achar um caminho de paz, de concordância, onde não haja um só vencedor, mas em que todos, por terem se doado, sejam vencedores.

5. Quando as diferenças deixam de ser prioridade e o que realmente tem valor é preservado a qualquer custo, envolvendo o sacrifício que for necessário.

Dois bicudos se beijam, se amam e juntos escrevem a mais linda história de amor, do verdadeiro amor que se alegra, trabalha e se doa pra ver quem ele ama feliz. E isso se estende não só ao relacionamento entre marido e mulher, mas também ao seu relacionamento em família, no trabalho, com seus amigos e com Deus.

No livro de Provérbios, capítulo 31, um rei muito sábio chamado Lemuel, dono de uma sabedoria espiritual bastante profunda, fala sobre as características de uma mulher virtuosa, e a que eu mais amo e persigo é a que está no versículo 12: "Ela lhe faz bem, e não mal, todos os dias de sua vida."

Capítulo 11

Perdas necessárias

Quando estava próximo da minha filha fazer 15 anos, perguntamos a ela o que queria: uma festa ou uma viagem. Ela optou por viajar e fazer um curso de inglês na Inglaterra, o que acabou acontecendo. Chegou julho, perto de terminar o curso, em uma ligação telefônica, ela, toda entusiasmada, nos falou em continuar o curso na Austrália. Gente, vamos combinar: Austrália é muito longe!

Temos amigos em Londres e já estava mesmo pra ir até lá e pregar, e foi aí que me animei mesmo pra marcar rápido e ver que história era aquela de Austrália. Sempre fomos muito amigas, e sentia muito a falta dela.

Fui junto com o Gabrielzinho, meu filho mais novo. Ao chegar lá, mais ou menos de surpresa, fui até o hotel onde a Fê estava. Meu sobrinho Luciano também tinha ido com ela pra fazer curso de inglês.

O hotel era uma espécie de república, onde estudantes de todas as partes do mundo se hospedavam pra fazer os variados cursos que aquela escola oferecia. A Fê se empolgou e acabou por fazer dois cursos ao mesmo tempo, um pela manhã e outro à tarde — e agora estava querendo fazer outro na Austrália? Ai, ai, ai...

Ao chegar ao hotel, que eu só conhecia por fotos e também de informações que obtive, levei um susto. Até que era bem localizado, em Notting Hill, o bairro dos castelos, uma graça por fora, tipo chalé; com três andares, arrumadinho, limpinho, bem bonitinho mesmo. Só que, pra entrar nos quartos, precisávamos abrir a porta que, ao esbarrar na cama, não se abria totalmente, e tínhamos de entrar primeiro pra depois fechar a porta.

Em frente à cama havia uma bancada com espelho, o que minha avó chamaria "penteadeira"; ao lado, guarda-roupa e a porta que dava pro banheiro, tudo muito bem decoradinho, num *composé* de papel de parede de florezinhas e listras largas brancas e verdes; mas sinceramente, senti que estava entrando na casa dos sete anões.

Não tive dúvidas: de lá mesmo liguei pra outro hotel onde costumávamos ficar sempre que íamos a Londres, e ao confirmar os quartos, arrumei todas as coisas da Fê, e já fui de mudança. Após me alojar e tomar um banho, fui direto a uma agência de viagens. Como só iria pregar no fim de semana e ainda era segunda-feira, vi um pacote pra Roma; consegui um preço excelente; e lá fui eu me encontrar com a Fê e também meu sobrinho Luciano na escola.

No mês de julho é alto verão na Europa. Bem, nem toda a Europa, porque Londres conseguia estar cinzenta, fria e até com uma garoa que ia e voltava... Jesus!

Depois de localizarmos o Luciano, a Fê me levou pra conhecer a escola inteira e tudo sobre o curso na Austrália. Deixei que ela me mostrasse, tirei várias fotos dela na escola com amigos e professores. Praticamente cada aluno tinha vindo de um canto do planeta.

Desde a primeira vez que estive em Londres, tive esta impressão: parecia que estava na esquina do mundo. Um lugar onde todos os povos do mundo se encontravam, assim como também todos os diferentes, exóticos e extravagantes. Quando já estávamos saindo da escola, ainda conversando a mil por hora, abri a bolsa e mostrei a ela as passagens.

— O que é isso, mãe? — ela me perguntou, com os lindos olhos verdes brilhantes.

— Passagens pra Roma, Fê!

— Meu Deus! — ela gritou. — Não brinca!

— É isso aí, Fê, e são pra amanhã!

O Biel, que tinha uns quatro anos, logo engatou no entusiasmo da Fê e já foi logo puxando minha roupa e perguntando:

— Eu também, mamãe? Eu também vou?

Aproveitei e já respondi a ele e ao Luciano, que não tinha perguntado nada, mas estava lá, só no aguardo de boas notícias pra ele também. Falei:

— Vai todo mundo! Vamos sair desta fria e vamos atrás do sol. Porque tem duas coisas aqui nesta Europa que são boas e baratas: viajar e tirar fotografia.

Estou falando de um tempo em que fotos eram tiradas em filmes, que em si não eram tão caros, mas revelá-los ficava bem mais barato na Europa do que no Brasil.

— Ai mãe, e agora? E o curso que já ia começar a me preparar pra Austrália? — perguntou a Fê.

— Fê, vamos fazer assim: viajamos, curtimos, aproveitamos esta semana pra conhecer outros lugares e depois a gente vê essa coisa de estudar e fazer mais um ou outro curso. Acho que por enquanto *tá* bom, né? O que você acha?

Não foi nada difícil fazer com que ela mudasse de ideia, até porque gostamos da Itália, de Roma, que é um lugar por onde passamos pelo menos uma vez por ano por conta da peregrinação a Israel que fazemos todo ano, e aproveitamos pra fazer escala em Roma e passear com o grupo. Visitar o Coliseu, a casa em que o apóstolo Paulo ficou preso, o Fórum romano e tantos outros lugares que têm não só significado bíblico, mas também histórico, é muito bom.

Ela ficou um pouco pensativa, mas logo em seguida abriu um sorrisão e falou:

— Vamos nessa!

Ainda era cedo, por volta de umas quatro ou cinco da tarde, e resolvemos comer um lanche no Hard Rock Cafe de Londres, uma lanchonete que nos anos 1990 fazia muito sucesso e se espalhou pelo mundo. A garotada que viajava sempre comprava camiseta ou alguma peça de roupa dessa lanchonete. Sem contar os lanches e pratos, muito saborosos. A sobremesa, então... A alegria foi geral, incluindo o Bielzinho, que pouco entendia, acho eu, mas que curtia e se alegrava com tudo. Uma figurinha.

Fomos descobrir que o Hard Rock era bem perto dali, por isso fomos a pé e nos divertindo, tirando fotos nas cabines telefônicas que havia pelo caminho, aproveitando pra ligar pro Estevam e o Tidão, que tinham ficado no Brasil. Festa, alegria, prazer de curtir todos os detalhes e registrá-los com muitas fotos pra nos lembrar das brincadeiras, das músicas que íamos cantando no meio da rua, das risadas, do lanche que comemos.

Ainda fomos ao Picadilly Circus ver as luzes, as pequenas lojinhas vendendo toda sorte de bugigangas. Depois passamos pra pegar as coisas do Luciano e dormimos todos juntos porque íamos ficar alguns dias fora, por isso alugamos só um quarto. Acordamos bem cedo e pegamos o metrô nas linhas coloridas do mapa de Londres que carregávamos. Chegamos em Heathrow, o aeroporto, que fica distante de Londres. Tiramos fotos nas esteiras, indo pro portão de embarque; de óculos escuros, fazendo pose; ligando pro Estevam a cada passo. Coisas simples e, ao mesmo tempo, tão boas.

Enfim, chegamos em Roma!

Sol, muito sol. Um calor adorável. Já no aeroporto de Fiumiccino, aluguei um carro e fomos a Óstia, uma cidadezinha praiana perto de Roma, onde almoçamos. À tarde, fomos a Roma, com o Luciano de piloto e eu de navegadora, com o mapa na mão. Realmente fizemos um *tour*, mas chegamos em Roma e fomos direto até a Fontana de Trevi tirar fotos e saborear um dos sorvetes mais deliciosos do planeta, numa sorveteria de esquina ao lado da fonte. E olha que sorvete nem é uma sobremesa que ocupe os primeiros lugares de minha preferência.

Fomos até a estação de trem pra ver o horário de partida pra Pisa, ver a famosa torre inclinada, um lugar que ainda não conhecíamos.

Mais fotos, mais curtição

Viajar de trem na Europa é tudo de bom! Já tinha experimentado antes e amei: fui de Madri a Lisboa numa cabine limpíssima com lençóis esterilizados. Pela manhã, tem aquela coisa de tomar o café, como nos filmes a que a gente assiste, sabe? Demais. Compramos as passagens pra bem tarde e fomos curtir Roma: o Fórum, o Coliseu, a Praça de Spagna. Saboreamos massas deliciosas. Estacionamos o carro perto da estação Vitório Emannuelle e fomos pra nossa aventura. Decidimos dormir em Nápoles pra depois seguir viagem pra Pisa, pois a passagem nos dava esse direito.

Pela manhã, acordamos, tomamos um supercafé da manhã com tudo a que tínhamos direito e mais fotos de tudo. Do jardim do hotel em estilo romano, onde combinamos um *late check-out*, lá fomos nós passear pelas pontes de Nápoles até chegarmos à praça central, onde se ergue uma igreja majestosa, lindíssima, toda revestida de mármore verde em seus tons deslumbrantes de cor-de-rosa, mas um rosa diferente, puxando pro salmão, com veios rosa-bebê, alguns quase brancos, lindo! O trabalho de entalhe na pedra, em certas partes, parecia até uma renda de tão delicado.

Fê e eu compramos sorvete e fomos pra beira da calçada pra admirar aquela obra de arte tão linda, enquanto o Luciano e o Biel corriam pela praça e tentavam alugar uma carruagem ou dar uma volta nos cavalos. Comecei a orar em espírito e adorar ao Senhor por sua grandeza, majestade, seu poder. Minha alma estava cheia de alegria e gratidão por tudo o que estava vivendo e desfrutando.

Nesse momento, ouvi em meu interior uma voz que conheço e que amo ouvir. Ela me falou assim: "Sonia, você está vendo todo esse mármore e todo esse trabalho tão lindo de entalhe? Tudo isso um dia foi uma pedra enorme ou pedaços de pedras que foram extraídas de uma montanha. Pra que chegassem a ser o que são hoje, precisou que um ou mais homens trabalhassem pesado naquele bloco tão duro. Precisaram fatiá-lo pra que tivesse a mesma espessura e, assim, revestisse com uniformidade as paredes dessa igreja. Durante dias, meses e até anos, o martelo, o buril e outros instrumentos que, num primeiro momento, pareciam estar agredindo, ferindo, machucando aquela enorme pedra, foram, na verdade, moldando, lapidando até que cada pedaço assumisse sua forma, ganhando detalhes, adquirindo o tamanho e dimensão apropriados. Com o tempo, formaram este espetáculo maravilhoso!"

Prossegui ouvindo a voz: "Há perdas necessárias, mas quando a pessoa entrega sua vida em minhas mãos, tais perdas são transformadas em grandes vitórias que se transformam em memoriais, como esta grande obra de arte que você está admirando. É difícil ver o sofrimento dos que amo, assim como não é fácil pro escultor trabalhar com esta pedra, que o fere muitas vezes, deixando as mãos machucadas. Imagine como foi terrível ver o sacrifício de Jesus naquela cruz, de forma injusta, envolvendo toda sorte de crueldade, resultado da inveja que vem pra matar e não tem limites pra machucar, ferir e arrasar, contanto que alcance seu objetivo, que é destruir."

Enquanto eu admirava, minha alma era edificada por aquela voz. "Dentro da lógica dos homens, isso podia até ser compreensível: enquanto Jesus estivesse vivo, pregando e fazendo milagres, você acha que alguém iria querer ouvir algum outro sacerdote com algum discurso bonito, mas vazio? Bonito de se ouvir, impossível de se viver? Você pode imaginar o ódio que aquelas pessoas sentiam? A vida, a verdade, as obras, a pregação, o amor, a doação, o poder de Jesus os expunha ao julgamento e à consequente rejeição, por isso não sossegaram enquanto não conseguiram colocá-lo na cruz como um maldito. Um bandido, no meio de ladrões, não tendo feito mal algum!"

A voz pemanecia dentro de mim: "Mesmo assim, essa enorme perda me feriu de tal forma que apaguei a luz do sol e deixei a terra escura; abri sepulturas, fiz mortos ressuscitarem, rasguei o véu do templo do qual aqueles religiosos falsos e malignos se orgulhavam e ainda diziam que era para mim quando, na verdade, era uma grande passarela onde desfilavam em sua arrogância e prepotência. Mas toda aquela atrocidade e todo aquele sofrimento faziam parte de meus planos pra resgatar toda a humanidade por meio daquele sacrifício, triunfando sobre tudo isso pelo poder da ressurreição que é a vida. Por isso, até hoje, todo aquele que o procura, por pior que seja a situação ou perda pela qual esteja passando, recebe o poder de vencer até a morte por intermédio do Espírito que Jesus deixou para habitar e capacitar os homens com dons e poderes sobrenaturais, como o da ressurreição que vence a morte."

Quando acabei de ouvir tudo isso, estava chorando, e da minha boca brotou um louvor que viria a fazer parte de um dos CDs do Renascer Praise. Ele diz assim:

Pra cada manhã, há um milagre de Deus
Andando com Jesus não há perdas
Só abrimos espaço para o grande de Deus
Tirando o velho, pra que venha o melhor
Espírito de ressurreição e vida
Não há morte que possa te enfrentar
O Alfa é Jesus, o princípio e o fim
Todo o resto é só um meio
Que não dá pra entender
Um jeito especial
Simplesmente divinal
Pra que tua glória, Senhor
Tua glória, Senhor
Seja vista em todo lugar

Nem eu mesmo sabia quanto aquela experiência seria meu alimento, meu sustento, meu consolo e minha força nos anos que se seguiriam. Há verdades aqui que, se você levar em sua bagagem na viagem por esta vida, vão fazer de seus momentos mais terríveis um louvor a Deus pela luz e pelo entendimento, como também pelo consolo e pela força que elas trazem.

Vou aqui enumerar as principais:

Não seja precipitado em suas conclusões

Antes de murmurar, xingar e se revoltar diante das perdas, dos sofrimentos, das injustiças, crueldades e traições sofridas, busque Deus, abrindo seu coração pra que ele possa iluminá-lo, capacitando-o com uma inteligência espiritual que nos faz entender seus propósitos, e isso trará a paz que excede todo o entendimento.

Os caminhos e propósitos de Deus pra cada um de nós são muito mais elevados que os nossos

A maneira de Deus dirigir e alcançar seus objetivos aqui na terra é bem diferente da nossa, e também mais abrangente, em suas finalidades, do que o bem-estar e o conforto do agora e do melhor. Ele sempre nos levará à conclusão de que valeu a pena.

Cada um de nós tem uma missão

Ao recebermos vida, também recebemos capacitações e dons naturais pra executar a missão que cada um tem a cumprir aqui na terra. Por isso, dores, sofrimentos e perdas nem sempre estão associados a merecimento ou a ser ou não amado de Deus, ou a ter ou não suas orações atendidas. Você pode orar por várias pessoas e vê-las completamente curadas de um mal que, de repente, vai ser a causa da partida de alguém que você ama muito.

Nem toda a montanha de onde saiu aquele mármore maravilhoso foi escolhida pra fazer parte daquela grande obra de arte. Só uma parte e, imagino eu, a parte melhor, a mais perfeita e bonita. As outras partes daquela montanha ficaram intactas, tranquilas, inalteradas. Seguiram sendo montanha, apreciadas pela beleza, destacadas pela imponência. No entanto, a parte escolhida foi duramente golpeada, ferida, marcada, subtraída em muito do que tinha e era. Posso dizer que ficou fragilizada diante do que um dia foi. E por quê? Justamente porque era melhor!

Nem tudo que perdemos é ruim

Há muitas coisas de que precisamos abrir mão, que não são ruins, mas que agora, no tempo novo de Deus pra nossa vida, não podem mais estar, apesar de terem tudo a ver conosco por muito tempo e até mesmo serem parte do todo que éramos.

O velho nem sempre é o pior

Há coisas, pessoas, lembranças, memórias e vitórias que deram sentido à nossa vida, que nos encheram de alegria e foram nossa recompensa, porém não existem mais. Por diversos motivos e situações que envolvem desde injustiças, traições e invejas até erros e morte, separação por ter se cumprido o tempo e propósito de Deus, já não existem mais, e não adianta negar-se a viver sem elas. Na verdade, a única coisa que nos resta é nos abrir pra sermos consolados por Deus e, assim, termos espaço pro novo.

Sofrimento e dor são um caminho, não um fim

Por que Deus escolhe uns, e não outros? Por que pessoas más e desqualificadas vivem tão bem, enquanto boas sofrem tanto? Acho que a resposta está justamente nisto: porque são boas, porque se destacam, por serem uma manifestação mais nobre do ser humano, Deus tem como trabalhar em sua vida pra, assim, manifestar sua glória e majestade, transformando-a para em modelo, em verdadeiro marco pra uma sociedade perdida em seus valores. Como aquele mármore lapidado grita em sua beleza, riqueza de detalhes e cor a todos os que por ali passam, dizendo que é possível ser melhor, mais feliz e ter valor!

Tudo vai cooperar pro bem

Quando nossa vida está entregue nas mãos de Deus, somos transformados e vivemos muito além do que um dia sonhamos ou poderíamos imaginar, por maiores que sejam as perdas; por mais difíceis e prolongados que sejam os sofrimentos; por mais cruéis e violentos que sejam os golpes sofridos, não poupando nenhuma das áreas de nossa vida, não deixando nada sem ser tocado, ferido, machucado, marcado. Por fim, diremos: "Graças a Deus por tudo. Realmente até as perdas eram necessárias para que eu vivesse o novo e o melhor de Deus."

Quanto à viagem? Foi uma das melhores que fiz em toda a minha vida. Chegamos a Pisa e, devo confessar, fiquei um pouco decepcionada com o tamanho da torre, mas tudo era festa. Voltamos pra Roma, depois pra Londres, onde preguei e foi uma grande bênção.

A Austrália? Depois de um tempo, fomos meu marido, a Fê e eu conhecer o país após de uma conferência de que participamos em Singapura, mas isso fica pra outra ocasião. O que quero mesmo deixar aqui pra você é que nem sempre quando se perde quer dizer que somos perdedores, mal-amados, punidos, abandonados por Deus. Muitas vezes estamos sendo transformados em grandes vencedores que serão agentes de Deus pra manifestar sua glória aqui na Terra. O próprio Mestre dos mestres nos alertou: quem ganhar sua vida vai perdê-la, mas quem perde sua vida por amor a Jesus vai ganhá-la!

Capítulo 12

Culpada

Em meio a grandes desastres, catástrofes, ou até diante de pequenos erros e desafios do dia a dia, a primeira coisa que vejo a grande maioria das pessoas buscar é o culpado?

O culpado com certeza deve pagar por seus erros. Essa é até uma maneira de ajudar aquele que erra a buscar outra maneira, outro caminho pra desempenhar suas funções, relacionar-se; enfim, se comportar. Nesse sentido, o erro ajuda a pessoa a repensar suas atitudes e procurar se reprogramar de forma a agir diferente pra não ser mais punido. Porém, pra quem sofreu o dano, achar o culpado não resolve. Resolve mesmo é ser ressarcido, é achar a solução, resolver a situação e, dependendo do caso, ter de volta o que se perdeu.

Sou do tipo que não fica chorando muito o leite derramado, como diria a minha avó. Prefiro sempre pensar numa solução, partir em direção a ela, ter atitudes e pensamentos que me levem até ela. Agora, quando estamos profundamente envolvidos emocionalmente e acontece uma situação inesperada, sem lógica, sem causa, sem explicação, muitas vezes, mesmo sabendo que coisas assim têm sua explicação no mundo espiritual, acabamos nos desorganizando a ponto de nos sentirmos culpados.

Qual é a mulher que desenvolve outras atividades além de mãe e esposa (trabalho, estudos, atividades filantrópicas e espirituais) e nunca se sentiu culpada por não ter se dedicado mais ao filho quando o vê doente ou tendo algum problema de aproveitamento escolar? Eu me sentia culpada!

A falta de explicação dos motivos racionais pelos quais meu filho tinha simplesmente perdido os dois rins da noite pro dia não só me fazia sofrer como também sentir-me culpada. Culpada por não ser uma boa mãe, como se isso tivesse a ver, diretamente, com filhos que ficam doentes ou não. Culpada por trabalhar e, por isso, não ter todo o tempo do mundo pra cuidar de meus filhos. Culpada!

Agora nem sei enumerar as muitas acusações que me sentenciavam toda hora, dizendo: "Culpada, culpada, culpada." A culpa produz argumentos fortes e utiliza sofismas que acabam por dominar sua mente e seus sentimentos. Ainda por cima, há aquela culpa básica de mãe, de ficar lembrando quando ficou brava, quando corrigiu, quando disse "não". Aí você olha pra seu filho doente e sente o coração se despedaçar, mesmo sabendo que você fez o que devia fazer pra educá-lo.

Nesses dez anos, ele perdeu os dois rins e, por consequência disso, passou por dois transplantes, fora as outras enfermidades decorrentes desse quadro, como flebites, tromboses constantes, AVC e outras, até conseguimos vencer essa enfermidade. Logo de início, isso nos fortificou em nossos laços de amizade e cumplicidade.

Como diria Sansão, que num momento de muita fome, deparou-se também com um leão faminto e, num esforço sobrenatural, lutou com o animal, rasgando-o ao meio, encontrando um favo de mel que serviu de alimento pra ele, "do forte saiu doçura." Posso dizer que esse estreitamento em nosso relacionamento pela enfermidade proporcionou, além da vitória diária contra esse *leão* que foi a perda dos rins, ainda o favo de mel da amizade, da cumplicidade, e também o acréscimo em experiências com o Deus do livramento, aquele que é o socorro presente na hora da angústia.

No vale da sombra da morte há um caminho de paz

Por pior que seja a situação e a luta por que você está passando, se a colocar nas mãos de Deus e buscar nele o pastor que está presente enquanto passa pelo vale da sombra da morte, com certeza vai encontrar o caminho de paz.

Guerras e conflitos vêm para nos fazer descobrir riquezas que estavam perdidas

Toda aquela situação de dor e gemido fez aflorar em cada um o melhor de nós, pois pra vencê-la e continuar de bem com a vida era necessário investir mais do que uma pessoa em situações normais precisa. Por isso, cada um de nós separava o melhor de seu bom humor, de sua disposição, de sua fé em Deus, de sua alegria de viver, de sua capacidade de resistir sem se abater; enfim, o seu melhor pra viver e conviver um com o outro a cada dia enquanto orávamos, buscávamos Deus e nos empenhávamos ao máximo pra terminar com toda aquela dor.

Aconteceu conosco o que historicamente também ocorre durante as guerras: grandes descobertas. Elas são fruto do empenho em concordância, seja de uma família ou de um povo, em ficar vivo, saudável e vencer os ataques do inimigo. Nós fizemos uma grande descoberta: o valor de nossa amizade. Como era bom estar juntos e desfrutar a amizade, a cumplicidade, a unidade de sentimentos, pensamentos e propósitos em uma situação como a que estávamos enfrentando naquele momento.

Foi uma descoberta valiosíssima que se tornou marca em nossa relação familiar. Marca de alegria e prazer que só a amizade traz.

Concordância

A concordância é um princípio espiritual que, quando praticado, deixando de lado as pequenas diferenças (que, numa situação como aquela, se tornam ridículas), manifesta a glória de Deus na Terra, e fica impossível não reconhecer a presença dele.

Se havia pessoas que concordavam em ver o Tid completamente curado, éramos nós! Sua família, além de muitos que o amavam, como os que compartilham conosco a mesma fé. A concordância gera atitudes, sentimentos e pensamentos em que não cabem egoísmo, mesquinhez, pequenez e coisinhas assim, que tanto têm destruído o ser humano.

A concordância nos faz mais fortes, mais seguros, amparados (emocionalmente falando) e muito mais abençoados (espiritualmente falando). Por isso existe um empenho tão grande de forças e espíritos do mal pra quebrar a concordância, a comunhão de propósitos e sentimentos nas famílias, empresas — porque a nossa unidade faz com que Deus ordene a sua bênção quando nossa vida está alinhada com sua Palavra.

Há princípios eternos envolvendo a concordância que, quando praticados, nos fazem viver milagres:

1. Onde estiverem dois ou três reunidos no nome de Jesus, o que ligarem na Terra estará ligado nos céus.
2. Como é bom e suave que os irmãos vivam em união, porque esta unidade faz com que o Deus Todo-poderoso ordene sua bênção.

E se já éramos unidos, agora então concordávamos que iríamos buscar o poder de Deus e lutar usando todas as ferramentas possíveis, tanto materiais quanto espirituais, pra obtermos vitória contra aquela enfermidade. Além disso, um ajudaria o outro a não se deixar abater diante da dor tão grande que agia diretamente sobre o Tid, e em nós indiretamente, assim como naqueles que nos amam, trazendo um grande sofrimento — mesmo tendo o entendimento espiritual que, de alguma forma, tudo o que estava acontecendo cooperaria pro nosso bem, segundo os propósitos de Deus pra nossa vida.

Encaramos tudo aquilo como apenas uma passagem, um momento de transição. Aquela dor nos levaria a enriquecer como família, como pessoas, trazendo "grandes descobertas" que só são obtidas com o sofrimento. Minha visão ainda era limitada nessa questão de sofrimento, principalmente porque estava envolvendo a parte que, pra mim, é a que pode nos trazer a maior dor: um filho. E quando se tem uma visão limitada dos motivos do sofrimento, ficamos sujeitos a sentimentos atormentadores e cruéis como o da culpa.

Era exatamente como eu estava me sentindo: culpada. Aquela situação nova, inesperada e tão sofrida estava provocando em mim, como não se bastasse tudo o que estávamos passando — só pra complicar um pouquinho mais — também a culpa.

Se ficasse só no sentimento, nem era tão ruim, mas o duro é que não fica.

Esse sentimento constante, somado à dor que via meu filho enfrentar diariamente, não só me consumia como também fazia com que procurasse saber e controlar, se possível, até o movimento de respiração dele na ânsia de não deixar escapar nada pra que mais nada de ruim acontecesse. Minha relação começou a ficar tensa, com direito a desentendimentos, algumas discussões, o que em nada me impedia de continuar falando e falando: "Tome cuidado com isso... com aquilo! Você já tomou seu remédio? Já fez isso? E aquilo?"

Não que não devamos nos preocupar e verificar se tudo está realmente acontecendo de forma a evitar maior dano, mas em situações como essas, é muito fácil a gente perder o *timing* de parar de falar e perguntar e... ai, ai, ai... quase sempre vamos além dele... ai, ai, ai de novo!

Certo dia, entrei no quarto e ele, já prevendo a minha conversa, farto daquela situação tipo *goteira*, pois todo dia se repetia num cuidado desmedido, acabou, já com a voz bem alterada, falando pra quem quisesse ouvir:

— De uma vez por todas, você não é culpada de eu ter ficado doente, não é culpada se eu casar com a pessoa errada, não é culpada de nada ruim que aconteceu na minha vida, ou venha a acontecer, *tá* bom? Deixe que eu erre tranquilo.

Eu realmente não estava nem um pouco preparada pra ouvir essa resposta! Não tinha falado pra ninguém que me sentia culpada. Pegou-me completamente de surpresa. Eu nem tinha começado a falar nada que pudesse provocar uma resposta daquelas.

Por um momento, fiquei parada olhando pra ele, quieta, e uma enorme paz invadiu meu coração. Vi ali que era uma resposta de Deus pra minha vida, pois só ele sabia. Só a ele havia contado e, por inúmeras vezes, chorando, pedido perdão também na tentativa de alcançar o fim de toda aquela dor.

Que lindo ver meu filho, mesmo naquela situação fragilizada, fisicamente falando, ser um instrumento de Deus pra me trazer tão grande cura e libertação. A única coisa que consegui falar, depois de um tempo, com a voz embargada e em meio a lágrimas, mas de emoção, foi:

— Filho, eu te amo! — e fui em sua direção pra abraçá-lo e beijá-lo.

E ele continuou:

— Para! Para com tudo isso! Para de ficar deste jeito... fica normal! Você não é culpada. *Tá* bom? *Tá* feliz?

Eu falei:

— Filho, eu sou a pessoa mais feliz da Terra. Você não sabe como faz sua mãe ser a mãe mais feliz da Terra.

Ele ficou meio desarmado, talvez por não entender plenamente quanto aquele seu desabafo me abençoava e libertava. E eu também só fui falar pra ele bem depois. Ele ainda disse:

— Você fez tudo de melhor, você me deu tudo de melhor, você é a melhor mãe do mundo.

E falou um monte de coisas boas que eu tinha feito pra vida dele; também listou um monte de coisas lindas que ele pensava e carregava em seu coração a meu respeito que nunca tinha contado. Eu fiquei tão feliz, alegre e maravilhada! Muitas foram as vezes que Deus usou o Tid pra ministrar em minha vida, e aquela foi uma das mais marcantes.

Saí de seu quarto em estado de graça. Estava completamente tomada por toda aquela situação.

Mesmo me dirigindo às outras muitas coisas que ainda tinha pra fazer naquele dia, fiquei meditando em tudo o que havia acontecido, em como o Espírito Santo começou a abrir as cortinas e a me ensinar, esclarecendo-me sobre tudo o que havia acontecido; sobre a cura e a libertação que eu havia recebido. Com homens acontece também, mas parece que com as mulheres é mais intenso e forte esse sentimento de culpa pelas coisas que realmente fogem ao nosso controle e trazem tanta dor e sofrimento familiar.

Como somos um ministério muito forte na recuperação de drogados e viciados, temos muito contato com pais e mães que se sentem culpados pela situação deprimente, absurda, doentia em que seus filhos estão. Às vezes acontece de chegarem marido e esposa acusando-se mutuamente e culpando um ao outro pela situação dos seus filhos.

Algumas vezes, os pais realmente foram os responsáveis pelo estado de destruição dos filhos, mas há muitos casos em que também são vítimas dos caminhos e das escolhas que os filhos fizeram. Seja em uma ou outra situação, o sentimento de culpa é quase inevitável.

Hoje chamo situações como essas de "síndrome de deus", ou seja, achar que pode evitar ou resolver todas as coisas, como também, de uma maneira ou de outra, ser responsável por tudo o que acontece, principalmente no que se refere às pessoas a quem se está diretamente ligado.

O único que tem tudo debaixo de seu controle e pode todas as coisas é Deus. Por mais que você se esforce, se empenhe, se dedique e se sacrifique, não pode evitar que o mal, que a enfermidade acometa seus amados. Vemos isso claramente na vida de Jó, um homem tão íntegro e reto que o próprio Deus Todo-Poderoso dava testemunho de que realmente era um homem puro, que tinha o cuidado de sempre agradá-lo.

Preocupado também com a proteção espiritual dos filhos, Jó oferecia holocaustos (ofertas a Deus que envolviam sacrifício) continuamente porque dizia: "Talvez tenham pecado os meus filhos e blasfemado contra Deus em seu coração!" Isso garantiu que fosse restituído em tudo duplamente após seus filhos serem atingidos por uma tragédia e ele passar por grande sofrimento. E quem era o culpado? Ninguém! Fazia parte de um propósito de Deus pra vida de Jó que, após ser cumprido, o restituiu em tudo. E duplamente.

As pessoas são aquilo que, muitas vezes, o Senhor escolheu pra elas, e outras são o que elas mesmas escolheram pra si. O pai e a mãe podem até cooperar, mas às vezes eles são completamente inocentes. Aquele episódio foi algo maravilhoso que aconteceu na minha vida porque em várias situações pessoas falaram que eu era culpada, mas a consciência de quem eu sou, de qual é a minha motivação, do que Deus é pra mim, como também do que ele pensa de mim e de como me confirma e me honra em tudo o que faço, me livra de toda acusação.

Portanto, se situações ou pessoas vierem com toda a fúria, julgando, sentenciando e condenando aquilo que, apesar de ser trágico, carregado de dor e sofrimento, não tem nada a ver com você, nem com seu histórico de vida ou suas intenções e motivações, tenha em mente que:

1. Você não é Deus! Por isso não pode nem consegue controlar e definir tudo.

2. Não assuma o papel que muitos, na ânsia de acharem um culpado, querem impor a você, manipulando situações, falas, pessoas e fatos.

3. Tenha certeza de quem você é e do que tem feito de sua vida, e não abra mão de sua história de verdade. Entregue essa

situação nas mãos de Deus, confie nele. A seu tempo, ele justificará você. Erga a cabeça e continue de pé.

4. O fato de estar passando por um problema, não quer dizer que você é o problema. Funciona mais ou menos como estar gripado: o fato de estar gripado não quer dizer que você é a gripe.

5. Mesmo que condenem você, isso não quer dizer que você é culpado, e sim que esse é o entendimento de quem está condenando.

6. Nem sempre a maioria tem razão ao condenar alguém. Isso fica bem claro quando olhamos pra Jesus, que foi escolhido pela maioria pra ser crucificado.

Tenha como fundamental o que Deus diz de você. Se, apesar de estar passando por grande sofrimento e dor em alguma área de sua vida, em todas as outras Deus o abençoa e honra, então essa situação é uma provação, um sofrimento que faz parte dos propósitos maiores de Deus. Procure extrair disso o melhor. Não se permita ficar marcado; pelo contrário, marque essa situação com sua fé e determinação de vencer.

Quando faltarem forças pra continuar, não faltará em Deus forças pra sustentar você. É possível passar pelo vale da sombra da morte sem perder a alegria de viver ou ficar traumatizado quando temos nossa força em Deus. Ele é o socorro bem presente na hora da angústia, e da nossa fraqueza faz brotar uma força maior que a do leão.

De onde vem sua força?

Se sua fonte estiver no amor de Deus, que não poupou nem o único filho, Jesus, pra abrir um caminho pelo qual podemos entrar em comunhão com ele, então você vai conseguir. Porque dessa comunhão recebemos poder pra atravesar, lutar e vencer toda e qualquer adversidade sem nos perder ou deixar ferir física, emocional ou espiritualmente.

Podemos todas as coisas quando Deus nos fortalece.

Aguente firme e não se deixe destruir mental ou psicologicamente por esse sentimento de culpa. Resista ao mal e ele fugirá de você. Negue-se a pensar ou sentir o que vem pra destruir e abater; ocupe seu pensamento com o que pode ajudar, com as promessas de Deus. Busque pra isso forças nele por meio da oração e da prática de sua Palavra.

Apegue-se a Deus, buscando-o em oração e também abrindo-se pra ouvir sua Palavra, que tem como uma de suas principais funções nos limpar. Só assim você também viverá o poder de ressuscitar e escrever a história que Deus planejou pra cada um de nós, e não a que o sentimento absurdo de culpa quer que vivamos.

A sensação de culpa tinha feito uma casa dentro de mim, construída de pensamentos e sentimentos que estavam me destruindo, roubando minhas forças, em um momento que tanto precisava delas pra vencer aquele sofrimento, aquela dor, assim como também ajudar meu filho a vencê-lo e minha família e queridos que nos amam a passar por ela.

Viva um dia de cada vez

Deus não deu uma semana pra vivermos agora, deu-nos o dia de hoje! Viva-o da melhor forma possível. Você não o terá novamente.

Por pior que seja este dia, isso não quer dizer que não haverá melhoras e nem quer dizer que tudo está acabado. Situações ruins, por mais prolongadas que sejam, têm começo e fim. O que nunca acaba é a disposição de Deus em nos ajudar e nos abençoar em seu infinito amor. Aliás, ela se renova a cada manhã.

Aproveite as oportunidades

Aproveite a oportunidade pra fazer a diferença.
Aproveite a oportunidade pra lutar e não se conformar.
Aproveite a oportunidade pra enxergar quem são, de verdade, as pessoas que estão ao seu redor.
Aproveite a oportunidade pra extrair as coisas boas dessa situação, como amizade, lealdade e fidelidade.
Aproveite a oportunidade pra ter grandes experiências com Deus.

Derrubei essa casa que a culpa havia construído dentro de mim e fiz um *playground*, lugar onde eu dou risada e brinco porque a culpa não tem nada a ver comigo. Eu sei muito bem quem eu sou, o que fiz de minha vida, o que quero, e Deus também sabe, e isso basta.

Culpada? Não! De forma alguma! Na verdade, cumpro um propósito de Deus na Terra, que passa pelo sofrimento e pela dor, mas que vem pra nos elevar a um patamar onde estão os verdadeiros valores que a vida pode nos trazer, libertando-nos das coisas pequenas, mesquinhas e tacanhas procedentes do egoísmo, da ânsia de achar um culpado, assim como da falta de empenho em buscar uma solução. Nem sempre o fato de você carregar a cruz significa que você é culpado!

Capítulo 13

Por que estou sofrendo?

Há várias situações que acabam por deixar evidente nossa impotência. Uma delas, que nos confronta de forma tão forte e contundente com a impotência, é a enfermidade, seja ela em seu corpo, em alguém que você ama, em seu casamento ou em sua relação familiar. Outra é a injustiça. Há ainda a falta de recurso financeiro. Bem, poderia aqui enumerar muitas outras, mas entendo que essas são as mais eficazes em nos fazer sentir impotentes.

Diante da enfermidade, do vício, das mais loucas e variadas síndromes que se manifestam hoje em dia, conhecimentos humanos de nada valem. Saúde não se compra. Como se não bastasse a tensão provocada, por exemplo, com a falta de um diagnóstico, apesar de todos os esforços, ainda há a sufocante ansiedade por respostas, explicações, caminhos, soluções, fazendo com que os dias fiquem tão longos que não acabem nunca, e as noites, então, pareçam eternas.

A falta de soluções humanas pras situações que enfrentamos, o confronto com a nossa impotência diante de casos como drogas, crises familiares, medos, falta de saúde, falta de recurso, inquietações e crises que não trazem consigo os motivos pelos quais estão se manifestando, tudo isso levanta muitas dúvidas quando enfrentamos esses problemas, gerando revolta, incredulidade e temor em nos relacionar com um Deus que, aparentemente, não nos protege do sofrimento.

Geralmente, a primeira pergunta que ouço de pessoas passando por situações como essas é: "Por que Deus está fazendo isso? Por que Deus permite? Por que comigo? Tem tanta gente ruim a quem não acontece nada e está *numa boa*, por que comigo, Deus?"

Há realmente determinadas perguntas e certos questionamentos que em nada nos ajudam — ao contrário, pioram muito a nossa situação, pois além de estarmos enfrentando as consequências trazidas pela impotência, que são sempre dolorosas, perguntas como essas trazem revolta, ódio, mágoa, sentimentos que nos colocam num deserto de alma. Isso impede que outros sentimentos e pensamentos que poderiam nos ajudar a enfrentar a impotência venham a frutificar.

Mas o pior de todos os questionamentos que se pode ter quando não existe uma resposta é: "O que eu fiz pra merecer isso?" Sofrer sem exatamente saber o porquê, associado ao sentimento de culpa, algo que às vezes nem temos consciência de existir (ou que, de fato, não existe), ainda somado à alegria dos que querem ver nossa desgraça, é devastador. E sabe por que esse tipo de questionamento, além de não ajudar, ainda piora muito nossa vida? É porque situações como essas pedem um "pra quê?", e não um "por quê?"

A parábola do cego pode nos dar uma luz

Havia um homem que era cego de nascença, uma dessas situações que a pessoa não escolhe. Talvez você esteja pensando: "É, não escolhe, mas pode ser consequência, de repente, de pais viciados ou que contraíram doenças venéreas." Acho que foi justamente esse o raciocínio dos discípulos ao se depararem com aquele homem. Nem um pouco preocupados com o constrangimento que causariam ao cego de nascença com seu sofrimento e impotência diante da situação, simplesmente quase que o arrastaram até a presença de Jesus, e sem o mínimo respeito, indagaram ao Mestre quem era o pecador pra que tamanha fatalidade acontecesse àquele homem: "Mestre, quem pecou: este homem ou seus pais, pra que ele nascesse cego?"

Os discípulos tinham certeza de que situações assim só aconteciam por causa do pecado. É impressionante como a sociedade é ávida por nos encaixar em clichês. Apesar de sermos diferentes uns dos outros e não existirem duas pessoas iguais na Terra, temos dificuldade em, logo de cara, deixar de julgar e já catalogar o diferente como sendo também errado, ou então fruto de algum erro.

Tinham certeza de que aquela cegueira era fruto da punição de Deus, um castigo divino. Eles só não sabiam quem era o culpado por aquela situação. Esse tipo de certeza não expressa a verdade, mas um dogma da sociedade que nem sempre tem a ver com castigo de Deus ou com erro humano, como no caso descrito.

Jesus respondeu aos discípulos que nem o cego nem os pais dele haviam pecado, mas a razão de aquele moço ter nascido assim é porque havia um propósito de Deus, como diz João 3:9.

Não associe o sofrimento em geral ao pecado e, por consequência, à descarga do ódio, da ira de Deus sobre aquele que "fez por merecer". Muitas vezes, o sofrimento é o cenário em que a glória de Deus se manifesta, e esse é o propósito da vida da pessoa. Foi pra isso que Deus lhe deu vida.

É bem complicado pra nós entendermos que alguém nasça cego pra que a glória de Deus possa se manifestar, que outro nasça coxo pra que a glória de Deus se manifeste, e essa dificuldade está associada à que existe quando não conhecemos Deus suficientemente a ponto de não questionarmos sua soberania ou seus propósitos. Talvez agora mesmo você esteja se perguntando: "Propósito de Deus? Como assim? Quer dizer que aquele moço sofreu o que sofreu, seus pais têm sofrido, chorado e até foram cruelmente julgados como pecadores, como se o filho cego fosse uma punição contra eles, tudo isso porque Deus tinha um propósito?" E a resposta é: "Exatamente!"

Pode ser complicado entendermos os caminhos, assim como também o tempo de Deus pra nossa vida. Digo tempo porque tanto o cego de nascença quanto o coxo de nascença já eram adultos quando, por fim, o propósito de Deus se cumpriu na vida deles.

A complicação, a dificuldade que existe em conviver com a impotência causada por uma situação que se impôs ou por uma que já vem de nascença reside principalmente em dois grandes fatores:

É preciso reconhecer a soberania de Deus

Embora todos saibam que Deus pode tudo, muitas vezes há uma grande dificuldade em reconhecer sua soberania, a maneira como ele dirige e planeja todas as coisas.

É preciso desenvolver a inteligência espiritual

Quando não temos desenvolvida a inteligência espiritual que nos faz discernir todas as coisas, não admitimos o sofrimento como um propósito de Deus pra nossa vida. Assim, ficamos impotentes diante das mais variadas situações que são parte integrante do plano que Deus tem pra nós desde o jardim do Éden. Devemos nos manifestar aqui à sua imagem e semelhança, agindo e nos comportando como Jesus, que assumiu a forma de vida humana para, por meio de seus sofrimentos na convivência com o ser humano, mostrar o caminho pra todos os que querem se entregar à soberania de Deus, manifestando nesta Terra sua glória, mesmo enfrentando a ingratidão, a maldade, a injustiça, a traição e, por fim, a morte de cruz como um maldito.

Tudo isso reside numa simples situação: não gostamos e não queremos sofrer. Fugiremos o quanto pudermos de todo e qualquer sofrimento. É difícil entender que o melhor em nossa vida é manifestar a glória de Deus aqui na Terra; que quando nos entregamos ao plano dele, haverá dias, até anos de sofrimento, mas que isso trará a glória de Deus para a Terra e nos colocará pra servi-lo nesse propósito. Ele nos dará reconhecimento, realização, alegria de viver e paz até em meio à aflição. Isso fará com que nossa vida seja maravilhosa, algo maior até que nossos sonhos.

O sofrimento deixa de ser o fim pra ser o meio pelo qual Deus faz sua obra extraordinária que faz com que nossa impotência manifeste sua glória, seu poder, seu amor, sua capacidade de mudar a mais triste história de vida; seu poder de nos dar futuro quando não há mais perspectivas, quando todas as chances e recursos se esgotaram.

Muitas vezes, por ignorarmos que fomos formados à imagem e à semelhança de Deus, deixamos de entender nossa missão aqui na Terra, que é a de ser essa imagem, mostrá-lo em toda situação. Mostrá-lo! Uns são escolhidos pra fazer isso por meio de vitórias, de conquistas, de curas, da ressurreição — como Lázaro, que morreu e já em decomposição, após quatro dias, foi ressuscitado por Jesus; outros, por meio das injustiças que condenam e punem, como Pedro e João, que foram presos e açoitados porque se compadeceram de um coxo também de nascença (Atos 3) e, à semelhança de Jesus, enviaram a palavra que cura, da qual se achavam cheios pelo Espírito Santo.

Tudo isso são os propósitos de Deus

Os pensamentos de Deus não são os nossos e nem seus caminhos, os nossos. Assim como os céus são mais altos do que a Terra, também os caminhos de Deus são mais elevados do que os nossos. Da mesma maneira, os pensamentos de Deus também são assim em relação aos nossos.

Aquele cego de nascença estava desesperadamente perdido. Aos olhos humanos, fora condenado por toda a vida a ser um exemplo do castigo e da punição de Deus como um mendigo. As conclusões e os julgamentos humanos diante de uma situação de carência, sofrimento e impotência vinda de outros ou de nós mesmos, não traduzem necessariamente a verdade. O fato de os discípulos e até mesmo de o próprio cego e seus pais não entenderem a cegueira de nascença como algo que poderia um dia ser transformada com um milagre que glorificasse a Deus, não impediu que seu propósito se cumprisse.

Não só aquele moço e sua família foram alcançados e marcados por uma compreensão que só quem foi cego um dia pode avaliar e se alegrar, como também serviram como uma marca pra toda a humanidade, mostrando que Deus é poderoso pra transformá-lo de tal forma que você fique irreconhecível. Ele pode curar você e transformar todas as suas deficiências, traumas, impotências, choros, humilhações, vergonhas de uma vida inteira, colocando-o num novo patamar de existência onde as coisas velhas passaram e tudo se fez maravilhosamente novo. Indescritivelmente novo. Milagrosamente novo, desde o dia em que você foi levado à presença de Jesus pra receber dele o alívio e o consolo pra suas dores, assim como se submetendo e dispondo-se a andar pela fé em direção a uma nova vida, crendo que ele, o Filho de Deus, é o caminho, e que sua Palavra é a verdade que conduz à vida que não tínhamos condições nem recursos pra viver. Milagre!

Muitas vezes vemos pessoas impulsionadas a ir a Jesus por não aguentarem mais ser alvo da crueldade humana ou por estarem passando um momento de carência, necessidade, abandono, enfermidade, difamação, calúnia, injustiça, por serem cruelmente exploradas e julgadas, por trazerem em si o que humanamente se julga e entende como um castigo de Deus. Foi o que aconteceu com aquele moço cego de nascença, levado por pessoas que não estavam interessadas em vê-lo curado, só queriam um aval e uma explicação pra humilhá-lo e acusá-lo, acrescentando maior dor à sua impotência.

Não importa qual o caminho que faz você desejar ir a Jesus, o importante é ter chegado até aqui. Por isso ele é chamado Caminho. O Caminho que Deus, em seu amor, nos enviou pra que fôssemos transformados a ponto de passarmos de castigados e punidos pra amados, abençoados e escolhidos, referências do poder de Deus na Terra, que transforma o impotente rejeitado em alguém desejado e honrado.

Por isso, se estiver passando por algum sofrimento:

Não se rebele contra Deus e seu destino

Isso só vai afastar você do caminho que faz com que todas as coisas acabem por cooperar pro nosso bem, segundo os propósitos de Deus pra cada um, motivo pelo qual ele nos deu a vida.

Não julgue o próximo

Minha mãe sempre me falava que, quando julgamos alguém colocando sobre essa pessoa mais dor do que ela já está vivendo, apontando o dedo e condenando, há outros quatro dedos apontando pra nós. Já foi dito que, com a medida que medirmos, também seremos medidos. Que o precipitado se alimentará da ruína; mas bem-aventurados os misericordiosos porque também alcançarão misericórdia.

Não se julgue

Muitas vezes somos por demais cruéis conosco. Avaliar nossas atitudes, nos arrepender e desejar não errar mais, ser melhores, repensar e abrir-se pra aprender a pensar e reagir diferente, pedir perdão, procurar mudar, tudo isso é nobreza de caráter, é limpeza necessária pra que a saúde se manifeste. No entanto, se acusar a ponto de se destruir é buscar a enfermidade. Deduzir que sofrimento ou abandono é castigo de Deus significa fechar a porta pra que o novo, os milagres, os propósitos divinos se manifestem em nossa vida.

Muitas vezes, só realmente nos reencontramos e fazemos as pazes conosco quando entendemos o destino que Deus traçou pra cada um quando ainda éramos uma massa informe no ventre de nossa mãe. Seja mais misericordioso consigo e não desista de ser a pessoa mais feliz da Terra, apesar dos pesares.

Transforme cada sofrimento em grande alegria

Talvez você esteja perguntando: "Como? Como posso transformar essa tragédia, essa desgraça, essa vergonha, essa calamidade em alegria?"

Sabe como? Em primeiro lugar, buscando um entendimento, uma inteligência espiritual, que se consegue quando deixamos de questionar a soberania de Deus e passamos a seguir o exemplo de Jesus, abrindo-nos pra que o Espírito Santo nos ensine todas as coisas. Isso você vai aprender estando em uma igreja onde o Evangelho é pregado e ensinado, porque só se aprende convivendo com aqueles que já alcançaram esse elevado patamar espiritual que os faz estar de bem com a vida em toda e qualquer situação.

Chegamos a entender que era necessário que alguém tivesse nascido cego pra que até hoje ficasse registrado que Deus é capaz de mudar completamente nosso destino, nossa sorte, nossa vida. A esperança de que, a cada dia que passa, estamos mais perto de viver um grande milagre, aliada à certeza de que, mesmo demorando, vai valer a pena, faz com que o tempo de sofrimento também passe a ser um tempo de honra e privilégio que nos é concedido. Isso por entender que somos pessoas de confiança que não nos revoltaremos ou blasfemaremos, ao contrário: são experiências maravilhosas com um Deus que não nos abandona, inclusive nos ajuda a levar dia a dia o nosso fardo. Não desistamos de ser uma marca de seu poder, de sua glória pra esta geração, e também pras futuras. Por que não?

Os livramentos diários, os suprimentos sobrenaturais, os milagres e a interferência de Deus a nosso favor no período de sofrimento nos permite passar por este vale muitas vezes de dores e angústias que vão bem além de nossas forças, vivendo grandes alegrias também. Descobrimos capacidades e habilidades que nem sabíamos ter e que são renovadas pela fé e pela esperança.

Decida que nome vai caracterizar você

Aquele moço poderia reagir aos discípulos, sair correndo e praguejar, acusando a todos de loucos, sádicos, recusando-se a ser espetáculo de quem não tinha mais nada a fazer e agora tinha decidido tornar a vida dele pior do que já estava. Mas sua reação foi de humildade. A cura desse cego em especial foi muito diferente. Jesus cuspiu no chão e fez um lodo com sua saliva, que aplicou nos olhos daquele cego, mandando-o lavar-se em um tanque chamado Siloé, que quer dizer "enviado de Deus". Que eu saiba, quando alguém cospe na cara da gente, está nos falando, entre outras coisas, que não valemos nada, que sente desprezo e repulsa por nós. Pois é, mais uma vez esbarramos em convenções humanas.

Quem diria que Jesus iria usar um dos símbolos máximos de desprezo humano, associado ao que fica debaixo de nossos pés, a terra, pra ser parte do remédio que levaria aquele cego de nascença a viver tão grande cura? E nas águas terapêuticas que saem do poço que só os enviados por Deus, só os que ouvem a Palavra, não veem nela dificuldade e fazem dela seu caminho pro milagre, podem chegar?

Aquele moço estava realmente decidido a ser chamado pelo milagre, e não pela calamidade. Aquele moço se empenhou, pois, sendo cego, depois de ter encontrado Jesus, ainda precisaria andar mais um bom pedaço pela fé morro abaixo, porque o tanque de Siloé fica num vale logo abaixo de Jerusalém, cidade que está localizada em uma montanha. Porém, após ter andado esse caminho de fé, nunca mais foi chamado "ceguinho" ou olhado como alguém que alguma coisa *aprontou* pra estar assim.

Não desista do caminho da fé que nasceu em Jesus

Se já era difícil andar morro abaixo sendo cego, imagine ainda marcado com aquele lodo feito de cuspe? Digamos que piorava ainda mais a aparência dele. Às vezes, parece que, ao encontrarmos Jesus e nos dispormos a aceitar suas condições, as coisas pioram em vez de melhorarem.

Fé que não aguenta desaforo, que não pode ser provada, que temos vergonha de assumir e mostrar, não é fé. É pensamento positivo. Pensamento positivo está apoiado em nosso desejo; fé está fundamentada em quem não pode mentir.

O desejo de que tudo dê certo, de que milagres aconteçam, acabam muitas vezes nos aproximando de Deus, da Verdade, do Caminho, mas só a fé nos faz andar de acordo com a Palavra de Deus, mesmo que tudo pareça ter ficado pior, deixando ainda mais notória a nossa impotência e o nosso sofrimento.

A fé enfrenta comentários, opiniões, gozações, julgamentos, calúnias, perseguições, abandonos (porque a Bíblia não diz que ajudaram o cego a chegar ao poço de Siloé), diagnósticos fechados, sofrimentos, exposições vergonhosas, impossibilidades etc. A fé que nasce de Jesus nos faz poderosos onde somos fracos e assolados, firma nossos pés e nos dá direção, leva às águas da cura, da honra, dos milagres preparados pra que vivamos.

É necessário que aquele que se aproxima de Deus creia nele. O lodo, a sujeira que está sobre você é matéria-prima pro grande milagre. Não desista, continue andando segundo a Palavra que mostra como viver o impossível. Pra todo mundo, você não tinha jeito; pra Deus, você só precisa ter um verdadeiro encontro com a Palavra e passar a andar pela fé.

Uma passagem

Faça do sofrimento uma oportunidade pra passar e viver o novo. Os homens estão preocupados com nosso passado; Deus enviou seu Filho para ensiná-los a, no presente, viver os melhores dias de sua vida. Deus quer conceder um futuro marcado por milagres. O sofrimento pode vir pra fazer de você a pessoa mais feliz e de bem com a vida da Terra, que não se deixa destruir pelo dia mau, pela calamidade — ao contrário: andando com fé, manifesta o Filho de Deus.

Quem notar sua mudança nunca vai reconhecer que um dia você também foi "cego de nascença"!

Capítulo 14

Medo

Nunca fui uma pessoa medrosa; ao contrário, amo um desafio. Desafio faz crescer, desenvolve potencial, movimenta corpo, alma e espírito, nos ocupa com o que é saudável, com o que tem finalidades nobres, faz a gente buscar forças e capacidades em Deus, nos faz dependentes dele e, portanto, mais íntimos de nosso Criador. Faz a gente maximizar nossos recursos, buscar maior sabedoria e entendimento; formular estratégias, fazer grandes descobertas de capacidades e habilidades que muitas vezes nem sabíamos que tínhamos; desengavetar aptidões que nunca tiveram espaço pra se desenvolver, nos livrar de coisinhas pequenas que nos diminuem como seres humanos.

Os desafios também nos afastam de futilidades e superficialidades e, principalmente, das pessoas fúteis e superficiais. Afinal de contas, estamos ocupados com coisas maiores, portanto não temos tempo pra gastar com picuinhas. Enfim, os desafios nos ajudam a melhorar quando os entendemos como parte do plano divino.

Durante minha vida como ministra, tive contato inúmeras vezes com pessoas assoladas, destruídas pelo medo e, graças a Deus, posso dizer que houve sucesso surpreendente, vitória sobrenatural e recompensa gratificante por ver mudança, restauração e restituição na vida de cada uma. Sem falar que elas ficaram bem melhor do que estavam antes. Porém, eu mesma nunca tinha experimentado este tormento: o medo.

Aconteceu num período em que fiquei afastada de meu marido por um tempo mais longo do que o de costume, portanto andava e dormia com dois celulares, rádio e tudo que podia pra não acontecer de ele me ligar e, por algum motivo, eu não conseguir atender.

Como descrevi na *Bíblia da mulher de bem com a vida*, a submissão, entre outros ganhos, me dá segurança de que há alguém que me ama cuidando de tudo. Portanto, exceto as noites em que meu marido está viajando e, por isso, não está dormindo em casa comigo, não me preocupo e nem ouço barulho de nada. Ele escuta todos. É ele quem vai ver se a janela está aberta ou fechada. Bem diferente de quando não está em casa.

Quando eu ia dormir sozinha, colocava ao meu lado celulares, rádio, controle-remoto da luz do quarto e do ventilador de teto, além de uma base com extensão do telefone de casa, e mais *notebook*, Bíblia e por aí vai.

Logo na primeira noite, de repente, acordei sobressaltada por um barulho como se um animal enorme estivesse arranhando o teto do quarto. Eu despertei com a luz do quarto acendendo e apagando, assim como o ventilador alternando as várias velocidades. O ambiente era de filme de terror. Trilha sonora aterrorizante, quarto gelado, luz que acendia e apagava voltando a acender a cada minuto em uma intensidade de luz diferente. Às vezes, era o ventilador a mil por hora, fazendo o barulho de um urso arranhando o teto com a luz bem fraquinha, pra depois acender uma luz ofuscante, com o ventilador bem fraquinho como se o *urso* estivesse cansado. Depois, ele recobrava o fôlego pra voltar a apagar tudo e acender luz, ventilador e ainda, de fundo musical, as unhas enormes do monstro arranhando o teto com toda a sua força.

Falar pra você que acordei é muito pouco. Meus olhos estavam saltando e pareciam estar prestes a ter um infarto. A primeira coisa que me veio à cabeça foi: "Cadê meu marido?"

Demorou alguns minutos pra que meus batimentos cardíacos voltassem mais ou menos ao normal. Minhas mãos estavam frias, não sei se dos jatos de ar que vinham do ventilador de teto ou se de medo. Ou dos dois. Jesus!

Nessas horas, parece que tudo em que você esbarra é um desastre. Ao me virar pra pegar o controle, meio que tateando, caiu tudo. Ainda com sono e pós-assombrada, saí da cama — que, por sinal, é alta —, bati o pé na quina da escrivaninha e desajeitadamente, ainda sob impacto do susto, com aquela dorzinha horrorosa, eu me abaixei pra procurar telefone, celular, controle remoto; enfim, tudo o que tinha ido pro chão. Foi aí que bati com a cabeça na escrivaninha. Isso fez cair tudo o que não tinha caído até então, inclusive uma pequena garrafa de água mal fechada. Aquele banho. Além do galo na cabeça, o estrago ainda foi maior porque a Bíblia caiu aberta logo em cima do lugar onde tinha água, atingindo as marcações que eu havia feito com canetas coloridas, borrando tudo. Se realmente não fosse amedrontador, diria que foi hilário, digno de uma comédia pastelão.

Resultado: assustada, atrapalhada, ainda injuriada e irritada pelo que tinha acontecido com minha Bíblia, sem falar naquele lustre que parecia mal-assombrado, a qual continuava fazendo um barulho horroroso, acendendo, apagando e girando suas pás descontroladamente, eu realmente estava muito nervosa.

É claro que, em primeiro lugar, fui acudir minha Bíblia e tentar enxugá-la com lenços de papel mesmo, era o que tinha à mão. Depois procurei debaixo da cama as outras coisas que haviam caído, e bem nessa hora, quando estava olhando embaixo da cama, ficou escuro. Sob o som gutural de unhas monstruosas arranhando o teto, num ambiente onde luz e vento dançavam enlouquecidos com a escuridão, a última coisa que se acha é justamente o controle remoto do lustre. Eu estava dominada pelo medo.

"Meu Deus, o que será isso? Um ataque de forças espirituais do mal? Uma maneira de Deus nos acordar e nos colocar em oração?" Entendendo que as duas opções estavam corretas, entrei numa guerra espiritual, uma maneira diferente de orar. Mesmo depois de ter controlado a situação e orado o suficiente pra sentir a doce e forte presença de Deus em meu coração, recoloquei as coisas em seu lugar, troquei de pijama e voltei a deitar e dormir. Passada uma hora, mais ou menos, o filme de terror começou de novo. Ah, não!

Dessa vez, achei logo o controle remoto do lustre, apaguei a luz e o ventilador e ainda fiquei na cama por mais meia hora antes de me levantar pra realizar meu período de oração diário, com sentimentos e pressentimentos que não consigo explicar. Mas a verdade é que parecia que a qualquer momento receberia uma má notícia ou algo de ruim aconteceria.

Quando meus filhos acordaram, contei o que tinha acontecido. Foi gozação pura:

"Ah, mãe, deve ser a bateria do controle remoto, e o lustre deve estar em curto-circuito." E por aí vai. Foram até meu quarto, fizeram testes e mais testes com o controle remoto do lustre, trocaram as pilhas e parecia tudo normal. Eles me olharam meio desconfiados, começaram a fazer brincadeiras, e ficou por isso mesmo. Acho que, por não ter histórico algum de síndrome de pânico, medo ou coisa parecida, até chegar a hora de dormir novamente, tudo aquilo já estava esquecido.

Como estava acumulando funções, quando chegava a hora de dormir, eu estava tão cansada que simplesmente apagava. Aquela fase preparatória antes do sono profundo estava completamente suprimida.

Geralmente, após tomar banho e orar, sentava pra ler na cama e às vezes só apagava a luz do abajur bem mais tarde. Ou, algumas vezes, percebia de longe minha filha entrando, apagando a luz do abajur, ajeitando as cobertas, saindo e fechando a porta devagarinho.

Segunda noite: quando foi lá pelas duas ou três da madrugada, de novo começou a "hora do espanto". A luz do lustre central do quarto acendeu em seu brilho máximo, assim como as pás do ventilador começaram a girar a toda velocidade, como se fossem sair voando uma pra cada lado com toda a força.

Ai, de novo, não! A sensação era terrível. Eu estava com o coração na boca. "Jesus! Misericórdia! O que é isso?"

Sobressaltada, com taquicardia devido ao susto de ser acordada daquela maneira, fiquei olhando pro teto, meio que paralisada. Acontecia agora o mesmo que na noite anterior: as lâmpadas do lustre acendiam e apagavam, assim como as pás do ventilador aumentavam e diminuíam de velocidade, sem falar no barulho que as pás descontroladas do lustre faziam. Acabei perdendo o sono totalmente.

Levantei e comecei a orar de forma mais objetiva, buscando em Deus o que significava tudo aquilo, justamente no momento em que me sentia fragilizada por não poder contar com meu marido por perto, embora nos falássemos ao telefone o dia todo.

Quando você conhece o mundo espiritual e se depara com algo que, aos olhos humanos, não tem muita explicação nem sentido, sabemos que sua origem está no mundo espiritual, na atuação de espíritos malignos.

É comum ver em casa de pessoas que se comprometeram espiritualmente com o reino das trevas situações ainda piores do que estas: chão de cozinha que estoura do nada, portas de armários que abrem e fecham, aparelhos eletrônicos que vivem queimando e outras manifestações nesta linha, que são de arrepiar e colocar em fuga até mesmo os mais destemidos. Claro que nada disso pode afetar aqueles que estão cheios do poder e da autoridade que vêm do nome de Jesus, por intermédio do Espírito Santo.

Minha casa, minha vida, minha família; enfim, tudo estava debaixo da autoridade daquele que venceu até a morte, e tanto pros que aceitam e creem quanto pros que não aceitam e não creem é preciso admitir, por razões indiscutíveis, que Jesus foi o único capaz de dividir a história da humanidade em antes e depois de sua vida. Portanto, ele tem algo maior do que qualquer outro ser humano já existente. Foi isso que lhe deu esse poder e essa autoridade.

Terceira noite: agora a hora de ir pra cama e descansar já tinha deixado de ser como sempre. A possibilidade de ser mais uma noite de terror, de ter meu sono e descanso roubados, me causavam certa intranquilidade. Minha filha acabou ficando comigo; oramos, ficamos conversando e ela adormeceu deitada aos pés de minha cama, enquanto eu fiquei meio desajeitada nos travesseiros.

De repente, acordo não só com a luz e o ventilador ligando e desligando, como também com minha filha gritando de susto. Num ato contínuo, começamos a orar e a expulsar toda e qualquer força e manifestação do reino das trevas em voz alta. Estávamos completamente alteradas. Logo conseguimos controlar a situação, oramos até sentir a paz e a presença de Deus, tomamos um chá e voltamos a dormir, só que dessa vez minha filha veio dormir comigo em minha cama, ficando com o controle remoto do lustre ao lado dela, caso aquilo voltasse a acontecer.

Acabamos dormindo até um pouco mais tarde naquele dia e acordei com meu marido ao telefone; ele nos aconselhou a chamar um eletricista. Foi o que fizemos no mesmo dia. Chamamos uma empresa e, à tarde, praticamente desmontaram e montaram de novo o lustre.

Pelo menos aquele barulho de fera arranhando o teto quando as pás do ventilador giravam com toda força parou, mas quando a noite chegou e apaguei as luzes pra descansar, passadas algumas horas de sono, o show de horrores começou de novo. Levantei, realmente invocada com aquela situação. Era muita ousadia do reino das trevas achar que poderia perturbar e roubar meu descanso. Nada disso.

Tenho o cuidado de consagrar a Jesus minhas noites e meus dias logo que começam. Não sei se você sabe o que é o poder de uma consagração. Pra que fique mais fácil de entender, é um conjunto de atitudes de valor e significado espiritual que cobrem e impedem a ação de qualquer outro espírito. No meu caso, estava tudo consagrado a Jesus.

Acontece que, noite após noite, a história de terror se repetia. Agora nem mais comentava com meus filhos pra que não se assustassem também, mas aquela situação começou a afetar meu dia a dia. Apesar de gostar de orar de madrugada e ter o costume de pedir a Deus que me acorde pra isso, aquela situação era diferente. Eu me assustava, sobressaltava, e isso provocava medos e temores de que algo ruim fosse acontecer, de que más notícias chegariam, de que estava lutando agora com uma força que, além de ser bem mais forte do que eu, ainda parecia não recuar diante das armas espirituais que sempre me deram vitória e controle em situações aterrorizantes. Além de afetar minhas noites, meus dias também estavam bem mais difíceis, pois me sentia desgastada com aquela situação que só acontecia à noite, quando ia dormir.

Chamei outro eletricista, depois outro, e nada. Troquei o lustre e não deu certo. Estava vivendo uma fase em que realmente não tinha nem tempo nem condições de ficar em crise ou qualquer coisa nesse sentido. Eram tempos de guerra, de luta, de agir com sabedoria, buscando poder e autoridade espiritual pra vencer os "gigantes" que a cada dia se apresentavam. Se aquele era o ambiente onde teria de viver, conviver e me manter em paz e equilibrada, então vamos lá.

Em busca de tranquilidade

Desgastada e sobrecarregada, agora à noite, quando a valsa da loucura e do terror começava, eu pegava o controle remoto do lustre e simplesmente apagava a luz e desligava o ventilador de teto quantas vezes fossem necessárias. Às vezes voltava a dormir por estar realmente exausta; outras vezes, já levantava pra meu período de oração, mas agora já dormia com o abajur aceso, caso alguma manifestação acontecesse, o que acontecia todos os dias. Já fazia mais de um mês, quase dois.

Comecei a me sentir intranquila quando todos saíam e eu ficava sozinha em casa, assim como, quando saía de casa e ia ao supermercado, não via a hora de voltar. O único lugar em que me sentia realmente bem era na igreja, pregando e ministrando. Até que, certo dia, uma moça veio me pedir aconselhamento sobre seu marido que estava terrivelmente tomado por uma crise de pânico, mal conseguindo levantar da cama, dependente de remédio tarja preta e apresentando problemas de coração, além de outros distúrbios que, por vezes, a obrigavam a interná-lo. Conversando com ela, pude perceber que alguns dos sintomas que seu marido sentia quando a situação começou a se instalar em sua casa, eu também estava sentindo em escala bem menor. Misericórdia!

Oramos juntas e marquei outro aconselhamento, comprometendo-me com ela a entrar em campanha de oração pela libertação de seu marido. Ao chegar em casa, completamente injuriada e inconformada com tudo aquilo, busquei o Senhor em oração e pedi não só a libertação do marido daquela moça, mas a minha também.

Orei me posicionando contra todo aquele mal, invocando e decretando as promessas e a proteção de Deus a que temos direito quando nossa vida pertence a Jesus Cristo, e parece que meus olhos se abriram. Comecei a enxergar o que estava oculto. A fonte causadora das sessões noturnas diárias de terror. Você não vai acreditar.

Ao olhar pra escrivaninha, vi tanto os celulares quanto os controles perfilados lado a lado na mesma sequência de sempre. Sou daquelas pessoas que têm suas coisas sempre muito bem ordenadas, pois detesto ficar procurando por elas. Na sequência vinha: controle-remoto do DVD, aparelho de som, depois o da tevê, o da operadora de tevê a cabo, em seguida o controle-remoto da luz, o aparelho de rádio, seguido dos dois celulares pra que ficassem mais à mão durante a noite.

Naquela noite, em especial, já tinha deixado todos ligados e recarregando, o que não era o costume, pois fazia isso somente antes de deitar. Mesmo orando, ficava com o rádio e os celulares comigo no bolso. Ao olhar pro rádio, percebi que cada vez que ele recebia um *e-mail*, mensagem ou algo pela internet, se agitava levemente ou fazia um barulhinho e... eureca!

A cada tremidinha do rádio, o controle remoto do lustre também era afetado, o que fazia com que a luz e o ventilador de teto ligassem ou desligassem. Acredita nisso? E eu sofrendo por quase dois meses, num tempo em que estava sendo desafiada a fazer o que nunca tinha feito, assumindo além de minhas responsabilidades, outras que me exigiam, e muito.

Comecei a chorar e agradecer a Deus pelo socorro, pela revelação, pela maneira amorosa por meio da qual ele foi me conduzindo pra superar algo que já via como parte do desafio que estava enfrentando. Na realidade, já havia assumido que era o "gigante" a ser vencido durante a noite. Conformada com a situação, tinha minhas poucas horas de descanso roubadas por uma situação incontrolável, e só me restava aprender a conviver com ela, sofrendo o mínimo possível, sabendo que não passaria daquilo.

Sei que essa grande vitória, essa grande luz que me invadiu, fazendo-me agir de forma diferente pra que pudesse detectar o que estava me trazendo tanto desgaste, foi a resposta às orações e ao posicionamento espiritual que assumi: o de não me deixar conduzir pelo que sentia, mas tentar atender às expectativas que Deus tinha a meu respeito pra cada dia de vida que ele estava me dando. Não importava que estivesse sem minhas horas de descanso, desgastada e povoada por sentimentos e pressentimentos que nunca tivera anteriormente; aprendi a andar não por aquilo que sinto, mas pela fé no amor de Deus que não muda, mesmo diante de ventos contrários que vêm pra abalar nossa vida.

Naquela noite, antes de dormir, separei os controles dos celulares e telefones, colocando uns à minha direita, na cama mesmo, e outros em cima da escrivaninha. Não teve "sessão terror".

Pois é, tudo já estava resolvido, com noites agora bem dormidas e uma situação mais tranquila. Tendo encontrado a raiz do problema, o que tinha aberto uma porta em minha alma pra que sensações e comportamentos diferentes se instaurassem havia sido eliminado, mas o pressentimento de que algo de ruim iria acontecer a cada dia que começava, mesmo tentando não dar importância a isso, continuava a buscar espaço dentro de minha mente e de minhas emoções. Portanto, eliminados os desafios externos, agora havia os internos.

Eu ainda não tinha conseguido vitória completa contra os *fantasmas* que insistiam em aparecer em meus pensamentos, que faziam com que agora as pás do ventilador do teto não girassem descontroladamente, mas que o meu batimento cardíaco fosse tomado por uma onda de medo que fazia com que disparassem, que minhas mãos ficassem frias ou que eu me sentisse por demais entristecida e começasse a chorar sem motivo, mesmo se os tivesse de sobra.

Como anos antes eu tinha vencido um quadro de depressão, sabia, mesmo com os sentimentos e os pensamentos embaralhados, que meu posicionamento de fé em Deus, em seu amor e cuidado, resistindo ao impulso e às vontades de um emocional que estava sofrendo o ataque de pensamentos que o deixavam em dor, me traria a libertação completa da sequela diante da desolação: um medo completamente inédito.

As respostas pra essas e muitas outras perguntas que o medo e a síndrome de pânico produzem são respondidas na própria Bíblia porque Deus não nos deu espírito de medo, mas de fortaleza, amor e moderação.

Medo é um espírito que não vem de Deus e, por consequência, é maligno

Por ser espírito maligno, pra se manifestar aqui na Terra e cumprir sua missão, que é a de matar, roubar e destruir, ele precisa de um corpo ou de uma referência material. Essa abertura e acolhida nas pessoas acontece em tempos de mudança — mesmo as desejadas, como casamento e promoções. Também por perdas inesperadas ou quando, por algum motivo, acabamos nos desestabilizando, sentindo-nos ameaçados, inseguros, acusados, culpados, entre outras coisas. Ou diante de uma nova situação que fugiu às nossas expectativas, do desconhecido, do que foge às explicações lógicas e racionais.

Além de maligno, o medo também é oportunista

O medo está sempre à procura de uma oportunidade pra manipular pensamentos, sentimentos, levando suas vítimas a ter o entendimento que lhe favorece pra se estabelecer e assumir o controle daquele que, por não ter defesas nem recursos espirituais pra enfrentá-lo, acaba por ser completamente dominado e subjugado aos delírios que provoca.

É preciso reagir espiritualmente

Quanto mais você cede aos seus *inputs* e as suas deduções, mais paralisado e enlouquecido fica, o que faz com que se isole primeiramente de Deus, depois de tudo e de todos.

O medo quer escravizá-lo

Quanto mais você se isola, mais cativo desse espírito se torna, o que traz danos em todas as áreas, inclusive atingindo sua saúde física e mental. Isso cria uma situação viciosa e detona um processo no qual a pessoa vai se transformando em escrava do que não existe, de sua mente doentia controlada por esse espírito maligno, tenha ela passado por trauma que justifique tudo isso ou não.

O medo também quer se espalhar

Quanto aos relacionamentos interpessoais, quando subsistem, são tão doentios quanto a pessoa portadora desse domínio espiritual do mal, pois ele faz sofrer os que amam e desejam o bem da pessoa dominada pelo espírito de medo.

O medo se alimenta do conformismo

Esse espírito busca também que a pessoa se conforme, se acomode a essa condição, assumindo-a. Isso é tudo de que o medo necessita pra implantar seus danos em nossa mente e nossas emoções. É o que chamo "efeitos colaterais".

A cura contra o medo é uma luta de longo prazo

Mesmo depois de identificado, denunciado e expulso, o medo deixa sequelas, os "efeitos colaterais" que citei anteriormente. É como se determinada área de nossa alma deixasse de ser como antes e ficasse mais fragilizada. Se não for vigiada e cuidada, ela fica propensa a remontar essa situação, provocando surtos, períodos de altos e baixos, sempre na tentativa de se instalar novamente e assumir o controle da vida da pessoa, dominando e escravizando novamente. Por isso, é necessário estar sempre alerta pra que a situação já vencida não volte. Se isso acontecer, será cada vez pior. Vale lembrar que esses surtos são detonados muitas vezes por coisas pequenas, que trazem lembranças e trazem de volta dores e danos sofridos pela pessoa quando estava dominada e controlada por essa síndrome.

Como, então, enfrentar e se livrar não só do espírito de medo, mas também de suas sequelas?

Em primeiro lugar, você precisa se conscientizar de que isso é espiritual, portanto precisa de proteção e armas espirituais.

Em segundo lugar, é necessário que reconheçamos nossa impotência e entendamos que o único que pode nos fazer vencedores é Deus, por intermédio de Jesus. Pra isso é que ele foi enviado: pra que todos que veem a extensão ilimitada do seu amor demonstrada em sua doação não se perca nessa loucura. É estabelecida uma aliança de amor e fé que começa quando nos batizamos, assumindo publicamente que queremos viver uma nova vida dirigida por Deus.

Em terceiro lugar, trata-se de uma luta, portanto nem sempre a vitória é instantânea, mas pra resistirmos, basta nosso posicionamento com fé, na certeza de que o amor de Deus não permitirá que enfrentemos nada além do que podemos suportar. O que está em nós e conosco é maior do que aquilo que está tentando nos invadir e nos dominar.

Acomodar-se e incorporar esse pânico, essa situação de loucura e terror, nem pensar. Nosso posicionamento é o de resistir na fé, agasalhando-nos no amor de Deus, perseverando até que, por fim, alcancemos a vitória completa.

Também a fé que vem da certeza do amor de Deus por nós, amor que espanta todo o medo e cresce ao ouvirmos a Palavra de Deus. Foi por isso que Jesus, depois de ressurreto, passou quarenta dias reunindo seus discípulos pra que formassem a igreja e, assim, pudessem realizar as mesmas obras que ele fez e realizou, vivendo acima de toda e qualquer força do mal.

Em quarto lugar, quando entendemos o plano de Deus pra nossa vida por meio de Jesus Cristo e nos submetemos a esse amor, andando na segurança e na fé de seu poder ilimitado, podemos passar por dias difíceis e até mesmo ser atacados pelo reino do mal, mas nada terá força de nos separar desse amor tão grande que em tudo nos faz sempre mais que vencedores. Mesmo que pra isso tenhamos de travar uma luta que leve algum tempo, será sempre gratificante e enriquecedor, abençoará a nós e a muitos outros, pois nos fará manifestar a imagem do Filho, à semelhança de Jesus. Esse é o segredo de estar, em toda e qualquer situação, sempre de bem com a vida.

Este livro foi composto
em Adobe Garamond e impresso
pela Edigráfica sobre papel
Off set 63g para a Thomas Nelson
Brasil em março de 2012.